에니어그램과 기독부모교육

에니어그램과 기독부모교육

초판1쇄발행 2021년 5월 1일

지은이	우지연
편집	김용성
펴낸이	송희진
퍼실레이터	스티븐jh
그림	IWA
디자인	해피디자인
경영지원	박봉순 강운자
펴낸 곳	한사람
등록번호	제894-96-01106호
등록일자	2020년 2월 1일
주소	서울시 중구 퇴계로8길 49-19
홈페이지	https://hansarambook.modoo.at
블로그	https://blog.naver.com/pleasure20

ISBN 979-11-974132-1-6(03230)

값 17,000원

ⓒ 저자와의 협약으로 인지는 생략했습니다.
이 책의 저작권은 저자와 독점계약한 한사람 출판사에 있습니다.
무단전재와 무단복제를 금합니다.
잘못 만들어진 책은 구입하신 서점에서 바꿔드립니다.

에니어그램과

부모의 성품을 위한 신앙교육

기독부모교육

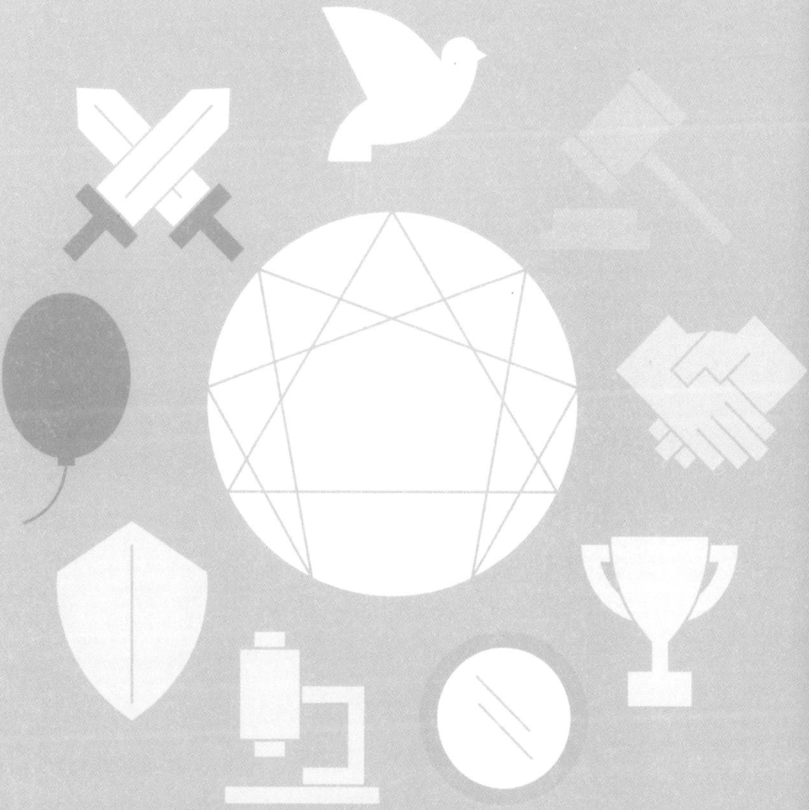

한사람

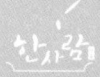

우지연 지음

차례 Contents

에필로그 | 주님의 은혜로 부모가 된 이들에게   6

Part 1
에니어그램으로 부모 마음 공부하기

1	왜 에니어그램인가요?	10
2	에니어그램으로 부모 먼저 살피기	17
3	에니어그램을 통해 그림자 발견하기	26
4	부모의 집착 버리기	31
5	격정이란 무엇인가	36
6	부모가 변하면 자녀가 변할까요?	48
7	나는 어디에 힘을 쓰는 부모인가?	54
8	왜 크리스천 부모는 에니어그램을 공부해야 하는 걸까요?	70

에니어그램의 격정과 미덕, 용어는 한국에니어그램협회의 워크북(2020년)을 참고했습니다.

Part 2

부모의 성격을 이해하는 9가지 렌즈

1	에니어그램의 성격유형과 내면의 목소리	79
2	강인한 부모 8유형	88
3	편안한 부모 9유형	97
4	완벽한 부모 1유형	105
5	잘 도와주는 부모 2유형	117
6	성공한 부모 3유형	130
7	특별한 부모 4유형	140
8	똑똑한 부모 5유형	149
9	믿음직한 부모 6유형	158
10	즐거운 부모 7유형	166

Part 3

크리스천 부모가 꼭 알아야 할 9가지 미덕

1	미덕은 무엇인가요?	174
2	순수한 부모 8유형	184
3	행동하는 부모 9유형	192
4	평온한 부모 1유형	198
5	겸손한 부모 2유형	205
6	정직한 부모 3유형	212
7	균형 잡힌 부모 4유형	219
8	초연한 부모 5유형	224
9	용기 있는 부모 6유형	229
10	절제하는 부모 7유형	235

에필로그

주님의 은혜로 부모가 된 이들에게

변하고 싶었다. 지금처럼 살고 싶지는 않았다. 아이를 낳기 전, 낳을 수 없다고 생각했었다. 부모가 되기에는 나란 사람이 너무도 부족한 게 많다고 생각해서 아이를 가질 힘도 부모가 될 자격도 없다고 생각했었다. 어린 시절 나는 주님을 믿었고 그 일이 나에게는 하나의 공기처럼 편했다. 교회에서 친구들과 놀고 자고 먹고 다니는 일들이 예수님을 믿는 일이라고 생각했다. 하지만 예수님을 인격적으로 만나고 난 뒤, 늘 하던 삶의 방식이 싫어졌다.

의식이 바뀌었다. 주님을 믿은 것뿐인데 삶을 바라보는 것이 달라졌다. 그래도 여전히 부모는 되기 어렵다고 생각했다. 이유도 알 수 없는 채 이렇게 할 수밖에 없이 답답하게 살아가는 나의 인생에 자녀라는 존재는 상상도 하기 어려웠다. 자녀, 너무도 어렵고 불편한 또 다른 나라고 생각했다.

그런데 그저 다 되어서 부모가 된 게 아니라 하신다. 내가 죄인이었을 때 나를 사랑하신 그분이 부모가 되라 하신다. 그리고 그분의 은혜로, 그분의 사랑으로, 그 분의 용기주심으로 나를 부모 되게 만들고 계신다.

자녀를 낳고 어떤 영성훈련보다 더 강한 훈련을 삶에서 받고 있다. 다른 부모들도 그러하리라 생각된다. 그래서 같이 이야기하고 싶었다. 가장 좋은 교육을 우리는 자녀를 키우며 하나님께 받고 있는 것이라고 말해주고 싶었다.

자녀는 하나님께서 나를 위해 보내신 선생이다.
자녀는 하나님께서 나에게 가르쳐주시고자 보내신 메시지다.
자녀와 함께 자라면서 부모가 되는 나도 자라고 있다.

자녀를 알기 위해서는 학원에 보내지만
부모인 나를 알기 위해서는 아무데도 가지 않는다.

자녀를 알고 싶어 하지만
자녀에 대해 알 수 있는 것은
나의 노력이나 지식이 아니라

다른 차원의 노력이 필요하다.

에니어그램은 부모인 나를 이해하고 그로 인해 자녀를, 또 다른 사람을 이해하고 사랑하는데 도움을 주는 학문이다.

에니어그램은 인간의 깊은 영(spirit)으로 들어가 내가 누구인지를 밝혀준다. 그리고 위로부터 우리에게 비추시는 하나님의 영(Spirit)을 통해 결국 나를 찾는 것이 하나님을 찾아가는 길임을 길의 어느 중간에서 만나게 한다.

부디 이 책을 통해 나를, 하나님을, 자녀를 만나고 사랑하고 소중하게 여기는 나날들이 되기를 소망하며 ….

Part 1.

에니어그램으로 부모 마음 공부하기

I. 왜 에니어그램인가요?

에니어그램은 다른 심리 프로그램과 어떤 차이점이 있을까? 자기를 발견하게 해주는 많은 도구처럼 에니어그램도 이와 유사한 프로그램이 아닌가 하는 생각이 들 것이다. 그렇다면 에니어그램을 택해야 하는 이유는 무엇이고 어떠한 차이점이 있는지를 밝히기 위해서라도 에니어그램의 역사를 이해할 필요가 있다.

에니어그램은 일반적인 심리검사나 인간의 행동, 성향을 다루는 가벼운 유형론이 아니다. 그래서 에니어그램의 역사에 관심이 없는 사람이라고 할 지라도 한 가지 분명한 사실을 전달하고자 한다면 다른 심리학과 같은 학문적 체계를 가진 이론들과 달리 에니어그램은 약 2500년부터인 고대로부터 거슬러 올라간다는 것이다. 그리고 이것은 인간이 누구인지를 알기 위해 상당히 오래전부터 이러한 질문을 하고 있었다는 것이기도 하다.

오늘날 우리의 고민은 고대에서부터 계속된 인간 본연의 주제와 다르지 않다. 인간이 동물과 다른 점은 의미를 찾고 인간의 기원에 대해, 그리고 더 나은 삶에 대한 갈망을 가지고 답을 추구한다는 데 있다. 그래서 유일하게 인간은 성찰이라는 기능을 사용해서 자기를 돌아본다. 내가 어떻게 살고 있는지, 그리고 앞으로 어떻게 살지에 관한 질문을 끊임없이 던진다.

인간은 누구나 자기가 어떻게 시작되었는지에 대한 자기의 근원에 대해 질문을 한다. 근원이라고 하는 것은 자기의 뿌리에 대한 질문이다. 이것이 인간성의 증거이다.

인간은 부유하든 가난하든 자기가 사는 집이 넓든 좁든 남자든 여자든 누구든지 자기가 어디에서 시작되었는지에 관한 질문이 있다. 그리고 평생 자기가 어디에서 시작해서 어디로 갈 것인지에 대한 답을 찾는 여정을 살아간다고 할 수 있다.

그런데 신기하지 않은가. 한번 다시 생각해보자. 왜 인간은 유독 자기의 존재감에 대해 질문을 하고 있을까?

그것은 인간을 창조한 창조주의 아이디어가 질문 속에 담겨 있어서다. 오늘날 식으로 표현하자면 컴퓨터에 필요한 핵심 칩(computer chip)이 탑재된 것처럼 창조주가 인간이 자기의 시작과 끝에 대한 길을 끊임없이 찾고자 하는 거룩한 욕망을 집어넣은 것이다.

하지만 아쉽게도 인간은 인간의 욕심과 죄악으로 인해 길을 잃었다. 그리고 이 길을 찾아가는 노력과 시도가 고대로부터 시작되었으니 우리는 고대로부터 시작된 에니어그램의 지혜를 통해 인간을 이해하는 데 도움을 얻고자 한다.

에니어그램이 고대로부터 시작되었다는 사실로 우리가 알 수 있는 또 다른 한 가지는 인간을 아는 것이 그토록 어렵다는 것이다. 인간에 대해 말하는 종교가 얼마나 많은지 모른다. 인간이 무엇인지에 대해 각 종교의 가르침과 이에 따른 수행도 상당하다.

하지만 오늘날 성인군자라고 하는 사람들은 찾아볼 수 없고 100년에 한 명도 만나지 못하고 있으니 이것이 인간세계의 현실이다. 인간은 인간이다. 인간은 인간의 문제를 풀 수 없다. 그것은 문제를 낸 존재가 인간이 아니기 때문이다.

인간의 문제를 풀 수 있는 존재는 유일하게 하나님뿐이다. 하나님은 분명히 자신을 이렇게 우리에게 소개하신다. 나는 곧 나다(출 3:14), 나는 시작이고 끝이다(사 44:6). 나를 나 자신이라고 소개할 뿐 다른 것으로 하나님을 대체해서 설명하지 않는다. 하나님은 모든 것의 시작이고 모든 것의 마지막이다. 이보다 더 분명한 자기소개는 없다. 다른 부연설명은 필요 없다.

에니어그램을 이야기하다가 기독교의 하나님을 연결하는 것은 무리한 일이 아니다. 메소포타미아의 지혜전승으로부터 시작된 에니어그램의 역사가 AD 1세기에 유대교 신비주의를 통해 시작되었고 이후 AD 11세기에 동방정교회에 전달되고, AD 13~16세기에 이슬람 수피전통으로 이어지게 되었다. 따라서 에니어그램의 사상적 배경은 빛이신 하나님으로부터 시작되었다고 여기는 것이 바람직할 것이다. 이런 이유로 에니어그램과 기독교를 연관을 지어 제자리를 찾는 노력을 기울여야 한다고 생각한다.

우리가 에니어그램 하면 제일 많이 언급되는 구르지예프와 이카조는 에니어그램을 현대적으로 체계화하고 발전시킨 사람들이다. 이들에게 배운 후학들이 학회와 사상들을 전하고 있다.

그래서 에니어그램은 근대학문처럼 인간의 행동 분석이나 성향, 기질 등의 분석한 데이터나 유행과 같은 현상이나 증상을 파악하는 체계와 근본적으로 다르다.

에니어그램은 인간과 세상을 움직이는 근본 원리가 무엇인가를 알려주는 역사 속에 축적되어온 지식과 지혜에 관한 이야기이기 때문이다. 그래서 에니어그램은 가볍지 않다.

그럼에도 불구하고 우리는 오랜 전통으로부터 시작된 에니어그램의 지혜와 안내를 통해 빛으로 나아가는 길을 발견하게 될 것이다.

나는 오랫동안 기독교인으로 살면서 인간이 무엇인지, 어떻게 살아가야 하는지, 왜 내가 원하지 않는 악을 행하는지에 대한 이런 비슷한 문제들에 대한 답을 찾고자 수많은 노력을 기울였다. 하지만 사고나 연구로는 찾을 수 없었다. 이런 식의 답은 기도를 통해, 혹은 금식을 통해 얻을 수 있는 것도 아니었다.

사도 바울의 고백처럼 나는 내가 원하고 바라는 것보다 원하지 않는 악한 일을 할 때마다 번번이 무너졌다(롬 7:19). 그렇다고 내가 뭐 큰 죄를 짓거나 특별한 범죄를 저질렀다는 것은 아니다. 그저 평범한 사람이다.

그런데도 내가 하나님 앞에서 말하는 이 고백은 내가 하나님 앞에 의롭다고 할 수는 없는 처참한 인간 존재의 한계를 발견했기 때문이다. 은혜란 이런 것이다. 내가 할 수 없다는 것을 알아야 하나님이 주시는 선물이 크다는 것을 아는 것.

하나님의 자녀가 된 사람에게 생기는 이상한 변화는 하나님을 바라고 하나님을 만족하고자 하는 거룩한 열망을 갖게 된다는 점에서 차이가 생긴다. 바로 이러한 이유로 인해, 내 안에 있는 숨겨진 죄와 내가 어찌할 수 없는 죄로 치우치는 경향성은 나를 가장 슬프게 하는 이유이기도 하다.

기독교는 인간이 하나님을 만나고 난 뒤 성화를 말한다. 성화는 회심 이후에 일어나는 과정으로 반복적으로 일깨워지는 것이다. 기독교인이 된다는 것은 인간이 아무런 노력을 기울이지 않고 가만히 있으면 저절로 움직이는 무빙워크(autowalk)를 탔다는 것이 아니다. 하나님을 뵙는 그 순간까지 우리는 날마다 나의 죄가 묻어있는 옷을 빠는 회개와 주를 향한 헌신이 필요하다. 하지만 율법적으로 짐을 지워주는 것이 아니라 하나님을 기쁘게 해드리고 싶은 자유의지의 발현에서 시작된다.

일깨워짐(awakening)은 깨닫는 것을 말한다. 실제로 잠을 자는 것은 아니지만 그 사람의 영적 상태가 혹은 의식의 수준이 잠들어 있는 상태를 말한다. 그래서 에니어그램을 말할 때 보통 사람들이 잠들어 있는 상태이기에 그들에게 일깨워주는 신호가 필요하다고 말한다.

그런데 내가 강조하고 싶은 것은 깨닫는 것의 바른 방향성이다. 깨닫는다는 것은 무엇일까. 우리가 자주 사용하는 말에 생각하다는 것은 깨닫는다는 말과 어느 정도 비슷한 의미를 지닌다. 생각한다는 것이 곧 깨닫는다는 것은 아니지만, 깊이 생각하면 머리만 아닌 마음가 하나가 된다.

생각을 의미하는 한자어 사(思)는 고어로 사(恖)에서 비롯됐다. 머리의 문을 뜻하는 신(囟)과 마음을 뜻하는 심(心)이 합쳐졌다. 그런데 쓰인 모양을 보면, 마음 위에 머리를 둔다. 마음이 머리의 중심이다. 즉, 생각한다는 것은 마음을 잡는 일이고 마음에서 시작되어야 한다.

그런데 에니어그램은 자신에게 있는 그림자인 부정성을 알게 한다. 내 마음이 어디 있는지를 찾게 한다. 우리는 지금껏 그림자가 너무도 깊은 곳에 있어 그 그림자에 내가 있어 어두운지조차 모르고 살아왔다. 오히려 그림자 밖의 삶이 어떤 모습인지

가름할 수 없을 정도로 말이다.

에니어그램은 인간이 어둠에서 빛으로 나아갈 수 있는 단계들을 제공하고 이것은 기독교인이 자기에게 있는 숨겨진 죄성을 스스로 발견하고 하나님의 신적 성품에 참여하도록 도움을 준다.

하지만 분명하고 명확한 현대 이론들과는 상당한 차이가 있다. 그것은 진리는 설명할 수 없는 막연한 부분이 있어서다. 사랑에 대한 정의가 다양한 것도, 그리고 그것이 무엇인지 알지만, 단계나 방법으로 될 수 없다는 것을 우리는 안다. 그래서 우리는 진리를 흉내내고 진리에 가깝도록 다가선다. 마찬가지로 진리란 차별이 없이 누구에게 허용되어 있지만, 받아들이는 사람의 수준에 따라 다른 빛처럼 보인다.

2. 에니어그램으로 부모 먼저 살피기

내가 처음 에니어그램을 만났을 때 나는 박사과정 중이었다. 내가 에니어그램을 싫어했던 것은 사람을 유형화하는 것에 질려버렸기 때문이다.

유형화(categorization)는 공통되는 성질이나 특징에 따라 몇 개의 전형적인 틀로 분류하는 것이다. 흔히 한의원에 가면 어떤 음식은 맞고 어떤 음식은 피하라는 말을 듣는다. 사상체질이다. 어느 정도 도움을 받는다. 찬 음식이 맞지 않는데 그것도 모르고 즐겨 먹다가 화장실을 들락거린 적이 많았다.

그러나 인간이 먹을 수 있는 것과 먹지 못하는 것으로 모든 것을 명확하게 딱 잘라서 말해줄 수는 없다. 사상체질이 만들어진 당시와 다르게 지금은 음식 종류가 많이 늘어났다. 어쩌면 사상의학을 만든 이제마 선생님도 지금의 음식들을 보면 두 손 들고 도망갈지도 모른다. 너무 음식의 종류도 많아 일일이 다 밝힐 수도, 알 수도 없다. 무엇보다 인간은 4타입으로 제한할 수 없다.

미국의 마이어스와 브릭스라는 모녀가 만든 MBTI 이론(The Myers-Briggs Type Indicator)도 마찬가지다. 나도 MBTI를 참 좋아하고 재미있게 공부했다. 인간의 행동과 내면의 동기, 경향성을 파악하고 인간의 예측이 가능한 패턴을 제시해줄 수 있다. 한 마디로, 사람을 이해하는 데 도움을 준다.

하지만 왜 인간이 이런 행동을 일으키는지에 대한 현상에 대한 해명은 불가능하다. 원인에 대해서는 말하지 않는다. 그 사람은 그런 사람이라는 것이다. 사람의 개별성은 이해할 수 있지만, 유형을 구분하고 판단하는 일 외에는 더 나아가지 못한다. 영적 계발이나 인식의 수준을 높이는 데는 도움을 받을 수 없다.

그런데 요즘 MZ세대(MZ generation)에게 인기가 높은 이유는 내가 어떤 사람인지 알고 싶어서다. 나를 소개하고 이해하면서 동시에 다른 사람에게 내가 어떤 사람인지를 비치는 것에 대한 두려움, 욕구가 타인에게 맞춰져 있다. 인스타그램, 페이스북 등을 보면 자기의 고통이나 아픔은 없고 모두가 행복해 보인다. 그것들을 보면서 나만 불행한 사람인 것 같아 더 우울하고 슬프다. 이런 착각에서 우리가 살아간다.

그러니 너나 할 것 없이 경쟁적으로 가장 예쁜 모습, 그럴듯한 공간에서 모습을 취하고 있는 사진, 맛집, 빵 투어, 여행, 명품 등을 은근히 내세우며 괜찮은 척하고 산다. 이렇게 만난 SNS상의 친구는 가벼운 관계, 피상적인 인간관계에서 벗어날 수 없다.

인간은 행복하기만 할 수 없고 고통은 인간에게 있는 부산물이다. 인스타그램에서 행복한 사진만 우리에게 있는 게 아니다. 현실과 다른 우리의 삶은 치열하고 어려운 숙제와 같다. 이런 분위기에서 그리스도인 부모들은 자녀들이 사는 세대를 잘 이해하고 그들이 자기에 대한 발견, 탐구에 대한 욕구를 채워주고 지도하고 바르게 안내해줘야 하는 의무가 있다.

더욱이 자녀를 바라볼 때도 우리가 알고 있는 것이 전부가 아니라 자녀에 대해서 내가 아는 것에 한계가 있음을 알고 겸손해야 한다. 인간은 우리가 생각한 것보다 훨씬 신통하고 묘하여 예측할 수 없다. 공부 못하는 자녀가 지금은 실망스러울 수 있지만, 오히려 편한 자녀, 따뜻한 자녀가 될 수 있다. 그렇다고 공부 잘하는 자녀가 문제가 된다는 말도 아니다.

겉으로 드러나는 현상을 자녀를 판단하면 그것은 자녀의 일부를 보고 내가 보는 대로 재단하는 것이다. 재단한다는 것은 가위를 가지고 옷감을 자르듯 이것 아니면 저것으로 갈라 나누는 것을 말한다.

우리가 보는 것은 현상이다. 하지만 현상을 움직이는 동기를 살피면 관계는 얼마든지 달라질 수 있다. 아이의 이상행동은 문제행동으로 보일 수 있지만 다른 관점에서 그것은 문제가 아닐 수 있다.

또한 인간의 본질을 이해해야 이웃집 아줌마의 말이나 유명 강사나 매스컴에서 하는 말들에 휘둘리지 않을 수 있다. 지금 우리에게 일어나는 일들은 하나의 과정(process)이다. 우리는 자녀를 바라볼 때도 그들의 삶을 기대하고 응원할 수 있어야 한다. 아직 내 삶도, 그리고 자녀의 삶도 끝나버린 게 아니기 때문이다. 그런데 우리의 인식방식에 강력한 영향을 끼치는 것이 프로이드식 접근이다.

프로이드의 심리학(Sigmund Freud)은 오늘까지도 그 영향력에 있어 절대적이라고 할 만큼 강력하고 지배적이다. 공헌한 점이 많이 있음에도 불구하고 한계도 그만큼 크다고 할 수 있다. 대다수 사람은 프로이드식 접근이나 그 이론에서 벗어나지 못하고 있고 그럴 필요도 느끼지 못한다.

프로이드는 성인에게 일어나는 두통이나 통증과 같은 신체화 증상이 생물학적 원인에 있지 않고 어린 시절 많은 억압과 문제들로 인해 생긴 것들이라 여기고, 특히 어린 시절 성과 관련하여 수치심과 죄책감이 많은 고통의 원인이 된다는 것을 발견하였다. 그리고 인간의 무의식에 관해 설명하면서 무의식에서 작동하는 방어기제 등에 대한 이론들을 체계화하는 데 혁혁한 공을 세웠다.

그런데 프로이드 심리학의 문제는 인간에게 발견되는 문제를 파헤치기만 하고 정리해주지 못한다. 왜 이런 문제에 빠졌고 결핍감을 가지게 되었는지에 대한 원인을 찾아가다 보니 인과론적으로 인간을 보게 되는 한계를 맞닿게 된다. 예를 들어, 내가 성공하지 못한 것은 우리 집이 가난해서고, 내가 이렇게 된 것은 돌아가신 아버지 때문이라는 것이다. 한 마디로 모든 것에 대한 '탓'이다. 환경 탓이고 주위 가족들 탓이다.

아이들과 상담을 하다 보면 가장 안타까울 때가 아이들이 가장 원망하고 이해하지 못하겠다고 생각하는 대상이 부모일 경우이다. 자기들을 위해 많은 헌신과 수고를 하고 있다는 것을 모르는 것이 아니다. 가고 싶은 학원을 못 가도 부모님이 원망스럽다고 하는 아이가 있지만 학원을 너무 많이 보내줘서 부모님을 원망하는 아이들이 있다. 외모 때문에 부모님을 원망하기도 하고 친구를 못 사귀고 학교에서 왕따 같은 어려움을 당해도 부모님 때문이라고 생각한다. 기승전결 부모님 때문이라고 생각한다.

그럴 때 내가 슬픈 것은 이런 사실을 부모님은 모른다는 것이다. 물론 나는 부모님 탓을 하는 아이들을 보며 그래도 부모가 있으니 탓할 수 있는 것이라 생각한다. 하지만 이렇게 누군가의 탓으로 오랫동안 생각하게 되면 그것이 자신의 신념이 되어 굳어지고 문제를 해결하는 방식에 있어 건설적으로 나아갈 수 없다.

지금은 부모 탓으로 여기지만 다음에는 배우자 탓, 자녀 탓, 상사 탓, 교회 탓 등으로 발전될 가능성이 상당하다. 탓하는 사람은 자신의 패러다임에서 벗어나지 못한다. 탓하는 것은 고통을 줄여주는 임시 치료제가 되어 죄책감을 덜어주기 때문이다.

그래서 무의식에서 일어나는 일들에 대해 밝혀주는 것은 이러한 원인 중심적인 방법 외에 다른 접근이 필요하다. 그것이 에니어그램이다.

에니어그램도 간단하지는 않지만 적어도 에니어그램을 꾸준히 공부하면 자기가 왜 그렇게 생각하고 무엇을 하는지, 자기가 도저히 보지 못했던 것들에 대한 그림자로부터 얻을 수 있는 힌트가 된다. 이것을 위해 에니어그램을 공부하라고 하는 것이다.

그런 의미에서 내가 에니어그램을 공부하게 되었을 때 내 기억으로는 교수님의 지도로 억지로 시작하게 된 공부여서 마냥 싫어한 것도 있었지만 어쩌면 그것은 영적 성숙으로 나아가기를 본능적으로 거부하는 나의 투쟁과도 같았다고 할 수 있다. 그러면 지금은 어떤 생각을 하고 있을까?

에니어그램을 통해 나는 내가 알지 못했던 나의 숨겨진 이야기를 많이 발견하게 되었다. 나는 나에 대해 잘 모르는 게 많았다. 물론 지금도 그렇다.

하지만 에니어그램을 알기 전, 내가 나에 대해 안다고 하는 것은 나의 기호나 내가 무엇을 잘 할 수 있는지와 같은 실용적인 기술, 능력 등과 같은 것이었다. 나를 팔아야 하는 세상 속에서 우리가 자녀를 보는 시선도 이와 비슷하리라 생각한다.

나는 나를 알지만 나에 대해 아는 것이 아니었다. 잠시 멈추고 모든 것을 내려놓고 나에 대해 생각할 수 있을 필요나 시간을 갖지 못했다. 그러다 보니 바쁘게 살고 무언가 일을 계속하면서 열심히 살았다고 할 수는 있어도 성장했다는 느낌은 별로 생기지 않았다.

하나님에 대해 집중하는 시간도 별로 없었다. 이웃을 사랑하라는 계명에도 나는 들어있다고 생각하지 못했다. 도무지 설명할 수 없는 시간을 겪으며 당연히 하나님께 다가가는 일도 어려웠다.

신앙생활이란 나를 아는 것이 먼저인가, 하나님에 대해 아는 것이 먼저인가를 묻는다면 하나님에 대해 아는 것이 먼저라 할 수 있다. 그런데 어떡할까. 하나님에 대해 안다는 것은 나를 통과하지 않고서는 알 수 없다. 내가 보는 것만큼 하나님이 보이고 내가 이해한 만큼 사람이 보이기 때문이다.

마치 미술관에 가기 전에 유명한 화가들의 그림에 관해 공부하고 찾아가면 보이고 알고 말할 수 있는 것처럼 말이다. 하나님에 대해서도 전해 듣는 지식의 하나님이 아니라 나를 통과해서 하나님을 알아야 하고, 나를 넘어서 하나님의 하나님 되심을 인정할 수 있어야 한다. 그래야 나의 하나님이라고 할 수 있다.

에니어그램은 자기에 대해 고민하게 만든다. 고민은 힘이 드는 일이다. 자녀를 양육하기 위해 이 책을 집어 들었다가 왜 부모인 나부터냐고 묻는다면 부모는 가능성과 영향력이 커서다.

부모는 부모 자신이 건강해지는 것만큼 자녀에게 영향력을 끼치게 된다. 그것은 다른 사람이 줄 수 없는 영향력이다. 그래서 부모는 자녀를 바라보기 전에 부모 자신을 먼저 바라봐야 한다.

부모 자신에 관한 공부는 일반적인 다른 공부처럼 아는 척하고 끝낼 수 없다. 자기에 대해 몰랐던 것에 대해 알게 되면 신기하고 재미있다. 남에 대해 알고 싶어 공부하다가 자기를 보게 되는 학문이 에니어그램이다.

특별히 부모가 되면 자기에 대해 생각하는 시간이 좀처럼 생기지 않는다. 아침부터 잠자리에 들 때까지 누구의 엄마로, 누구의 아빠로 직장에서 가정에서 자녀들을 위한 자리로 가득 메우기 때문에 나에 대해 생각할 시간이 부족하다. 지쳐서 잠들면 또 새로운 하루이다. 분명 하나님께서 이 세상에 보내신 이유가 있을 텐데 갈등이나 문제 앞에 나는 아무런 능력이 없는 것처럼 사는 것 같다.

그러므로 깨어 있어야 한다. 내가 맡은 일이 많기 때문에 깨어 있어야 한다. 내가 지킬 것이 많기 때문에라도 깨어 있어야 한다.

깨어 있어야 다르게 볼 수 있다. 깨어 있어야 하나님의 일을 할 수 있다. 깨어 있어야 밤의 일을 멈출 수 있다. 어떤 영적 수련이나 활동보다도 에니어그램을 통해 깨어 있는 의식을 가질 수 있다. 좀 더 분명하게 들려줄 수 있는 이야기는 에니어그램은 나의 이야기이고 그 이야기는 인간이라면 느끼는 모두의 이야기이고 이것은 인간의 정체성에 관한 이야기인 셈이다.

3. 에니어그램을 통해 그림자 발견하기

모든 실체에는 그림자가 있다. 그림자는 실체와 항상 함께 존재하는 것이지만 빛이 통과하지 못해 생기는 어두운 부분을 말한다.

우리도 그림자가 있다. 그런데 어느 날에는 그림자가 대수롭지 않게 여겨지는 날이 있는 반면, 또 어떤 날에는 그림자가 커 보여서 미칠 듯이 힘겨운 날도 있다.

실체와 그림자가 있는 것처럼 인간에게는 긍정과 부정의 요소가 공존한다. 내게 너무도 좋은 사람이 어떤 사람에게는 죽도록 싫은 사람이기도 하고 그 반대가 되기도 한다. 어릴 때는 보지 못한 모습이 나이가 들며 이상하리만큼 변한 친구의 모습도 있다. 어렵다고는 했지만, 사람이 이렇게 바뀐 것을 보고 나서야 정말 힘들었나 짐작하게 되는 일도 있다.

환경이라고 하는 것은 내가 만들어갈 수 있는 것이 아니다. 특히 어린 시절 부모와의 관계에서 아기는 부모를 통해 세상을 읽는다. 아기에게 부모는 하나님과 같이 절대적인 존재이다. 그래서 부모의 양육 태도와 아이가 자라는 환경은 처음으로 사람에 대해, 세상에 대한 이미지를 제공한다.

아기로 돌아가 아이의 시선에서 세상을 읽는다면 어떨까. 아무엇도 없는 상태로 이 세상에 태어났다. 어디서 시작되었는지 모르는 낯선 환경에서 믿을 수 있는 것은 나를 보고 있는 부모의 얼굴이 전부이다. 빈 몸으로 태어나 아이가 처음 만난 세계가 부모의 세계이다. 부모가 보여주는 모든 것이 아이의 세계관이다. 부모의 해석을 따라, 부모의 감정을 따라, 부모의 태도에 따라 아이의 수준이 달라진다는 것은 너무도 당연하다.

아이는 부모를 통해 모든 것을 공급받는다. 부모는 아이에게 절대자이다. 내가 필요한 것을 공급해주는 이다. 나를 보호해주고 내가 필요할 때 있어 주어야 안정감을 누릴 수 있는 토대이다. 내가 울 때 양육자가 어떻게 반응하는지, 아이에게 이 모든 것은 죽느냐 사느냐의 문제이다. 생각해보라. 아이에게 이것보다 더 시급하고 중요한 문제가 무엇이 있겠는가.

배변을 흥건히 싸고 기분이 좋았던 아이가 시간이 지나 딱딱하게 배변이 굳어도 몰라주는 부모를 보고 아이는 상실의 슬픔에 잠긴다. 나를 잊었구나! 부모는 자신도 모르게 아이 앞에 신(god)처럼 서 있다.

그래서 십계명의 제5계명을 시작할 때 부모를 공경하라는 것은 하나님과 동등한 입장으로 부모를 내세운 것이 아니라 부모가 해야 할 역할이 그만큼 중요하기 때문에 그것에 대해 보장해주신 것이다.

부모는 하나님의 동역자로서 아이에게 생명을 전달하고 공급하고 양육하고 자라는 데 중요한 역할, 부모만의 역할이 있다.

그런데 이 역할을 잘 감당하지 못하면 어느 새 우리는 아이를 내 것처럼 소유하고자 한다. 하나님으로부터 받은 선물이라고 태어날 때 고백하고 이름도 기독교적으로 짓지만 거기까지다. 교회에 보내지만, 학원이 항상 먼저다. 학원의 보충에서 밀리면 인생이 밀리는 것처럼 두렵다.

아이를 하나님의 법대로, 방식대로 양육하는 것은 저 먼 치남의 나라 이야기다. 오늘날 크리스천 부모라고 할지라도 아이의 욕구와 필요는 채워지지만, 아이에게 있어야 할 하나님의 자리에는 지독하게도 무관심하다. 하루가 24시간, 일주일이면 168시간이다. 그 시간들중에 하나님께 드리는 시간은 얼마나 되겠는가. 시간에 있어서도 절대적으로 세상과 겨룰 수 없다.

하나님과 세상의 대치점에 부모가 서 있다. 부모는 이쪽으로 갈 수도 있고 저쪽으로 갈 수도 있다. 그래서 여전히 부모여야 하고 부모로부터 시작돼야 한다.

부모가 아이에게 제공하는 것은 세상에 대한 프레임이다. 예컨대, 세상을 읽고 바라볼 수 있는 창(window)을 제공한다. 창이 더럽혀져 있으면 창을 너머 바라보는 세상을 당연히 부정적으로 보게 된다. 반대로 너무도 깨끗한 창을 보면 세상과 이곳을 구분하지 못한다.

부모가 아이에게 제공하는 창은 실제로는 세상에 대한 해석(interpretation)이다. 세상에 대해 갖고 있는 부모의 생각이 그대로 아이에게 전달된다. 두려움을 가지고 있는 부모는 세상에 대해 부정적이다. 공포를 느끼고 있는 부모는 세상으로부터 아이를 보호해야 한다고 생각한다. 세상에 대해 분노하는 부모는 아이를 데리고 나가서 싸워야 한다고 생각한다.

세상에 대해 부모가 가지고 있는 방식이 자녀를 양육할 때 그대로 나타난다는 것은 일상에서도 마찬가지다. 추위를 잘 느끼는 나 같은 부모는 열이 많은 아이를 양육할 때도 여실히 드러난다. 아이가 열이 많다는 것을 몰라서 그러는 것이 아니다. 다만 내가 춥기 때문이다. 내가 춥기 때문에 집 밖을 나갈 때 몸을 무장해서 외출한다. 내가 춥기 때문에 아이도 추울 것이라고 느낀다. 반대로 부모가 열이 많으면 아이를 춥게 입힌다. 모든 것의 기준에는 안타깝지만 부모인 내 기준이 있다.

부모인 내가 중요한 이유는 나로 말미암아 선한 영향력이 흘러갈 수도 있고 그릇된 해석이 전달될 수 있어서이다. 부모인 내가 건강한 영혼육을 가질수록 내 주변 사람에게 전해주는 것이 건강한 것이다. 하지만 그림자가 깊이 내려 자리 잡으면 내 마음이 슬프고 어두워 자연스럽게 먹는 것도, 분위기도, 행동도

좁아지고 작아진다. 내 마음의 그릇이 깨져 있으면 그릇에 담는 것도 온전하지 못하다. 그래서 부모는 인간 개인으로 한 사람의 몫만 있는 것이 아니라 적어도 두세 사람이 담길 그릇만큼이나 비어있어야 하고 넓어야 한다.

4. 부모의 집착 버리기

　부모에게 집착이라니. 표현 자체가 거북하다. 집착이라고 하면 어떤 대상에 마음을 쏟아 강제로 붙잡고 있는 것을 말한다. 부모가 집착하는 대상은 자기로부터 시작되었고 자기의 연장선이라고 생각하는 자녀, 혹은 가족에게 이어진다.

　부모는 자기 집착을 할 뿐만 아니라 자녀를 집착한다. 이것을 알아차리지 않으면 부모인 자기도 힘들고 자녀도 부모와의 관계에서 큰 어려움을 겪는다. 왜 부모는 자녀가 자기의 또 다른 자아라고 생각하는 것일까. 그것은 자녀가 육체적으로 자기 안에 머물렀고 자기로 인해 살았기 때문에 그 원초적인 기억에서 벗어나기가 쉽지 않아서다.

　하지만 출산은 머무른 곳에서 벗어나는 탈출이다. 그것은 자유이다. 출산을 했다는 것은 이제 너는 너, 나는 나임을 알리는 신호이다. 그때부터 너와 내가 다르다는 것을 인식하고 분화돼야 한다. 내보내는 연습은 출산을 알릴 때 고통과 함께 생명을 준다. 살아있다는 것은 아이의 목소리에서 나오는 다른 소리이다.

　거울에 비추는 아이의 모습을 보며 부모는 자기 자신을 읽는다. 아이가 웃으면 부모도 웃는다. 아이가 울면 부모도 운다. 반대의 경우도 그렇다. 부모인 내가 웃을 때 아이가 웃는다. 내가 울먹거리면 아이도 입을 삐쭉댄다. 아이와 나의 심리적 동일시는 웬만한 노력 없이도 쉽게 일어난다.

에니어그램에서 말하는 자기 집착은 자기인식으로부터 시작된다. 내가 어떤지를 알아야 한다. 특별히 내가 어떤 사람인지를 아는 것은 내가 나에 대해 어떻게 생각하는지를 아는 것이다. 그래서 이제부터 이 고통스러운 분화의 작업이 자기의 집착에서 벗어나게 되는 첫 과정이 될 것이다.

에니어그램을 공부하지 않으면 자기안의 집착을 생각할 수 없다. 다들 나는 원래 태어난 모양이 이 모양이라고 생각하고 산다. 그 말인즉 내가 이 모양으로 태어났으니 나는 바뀌지 않겠다는 자기 확신이다. 내가 바뀌지 않을 테니 네가 맞추라는 엄포이기도 하다.

8유형의 부모는 아이에게 화가 나면 성질을 팍 내버린다. 그리고 자기는 화를 냈으니 이제 다 끝났다고 생각한다. 소위 자기는 뒤끝은 없지만, 성질은 좀 있는 사람이라고 생각한다. 문제는 내가 화내는 것에 대한 문제를 생각할 때 나는 그렇게 해도 된다고 자기 허용을 한다는 것이다. 쉬운 말로 바꾸면 내가 화내는 이유는 다 그럴만한 이유가 있다고 생각하고 너는 나에게 이런 소리를 들어야 한다고 믿고 있다. 이것은 거짓 확신이다.

부모와 다르게 자녀가 여리고 말도 못 하고 가슴에 담아둔다면 그것 역시 부모는 이해할 수 없다. 자기는 당차고 당당하게 할 말을 다 하므로 이런 자녀를 이해할 수 없다. 도리어 자녀에게 왜 이렇게 소심하냐고 또 나무랄 것이고 아이는 어쩔 줄 몰라 쩔쩔매다가 말을 아예 하지 않으려고 할 것이다.

대개 이런 행동이 먼저 나가는 부모는 겉으로 보이는 아이의 모습을 보면서 빨리 바꾸라고, 빨리 대답하라고 윽박지르기를 곧 잘한다. 그러니 이러한 분위기에서 양육이 되고 훈계가 되는 것은 참 어려운 일이다. 8유형의 부모는 다른 사람의 감정을 읽는 것에도 관심이 없지만 읽으라고 하면 힘들어한다.

행동이 먼저 움직이는 유형을 행동 중심의 부모라고 명한다면, 이런 부모가 반대 유형인 가슴을 사용하는 자녀를 만나면 어떤 일이 일어날까? 서로 힘들 수밖에 없다. 그러면 이럴 때 누가 알아차리고 노력해야 하는가? 부모이다.

부모인 내가 자녀보다 먼저 태어났으니 내가 고치려는 노력이 더 필요하다. 그러나 어려운 일이다. 이 모양으로 산지가 수십 년이 지나서 무엇이 문제인지 알 수 없고 더 큰 문제는 별로 바꾸고 싶지 않다는 것이다.

인간은 회복탄력성(Resilience)만 있는 것이 아니라 회복하고 싶지 않은 부정성의 편향도 있다. 용수철처럼 자기가 원래 있던 곳으로 돌아가고 싶어 한다.

자기에게 있는 문제를 인식하고 더 나은 부모가 되고자 하는 노력을 기울이는 사람이 있을 때 건강한 사람, 건강한 가정을 이룰 수 있다. 선택은 내가 하는 것이다. 나의 모습을 인정하고 그 모습이 나인 줄 알았던 것들로부터 나를 분리해야 한다. 그리고 순례하듯 나라는 사람이 누구인지를 발견하고 알아가는 시간이 필요하다.

모든 유형에는 자기 집착이 있다. 자녀의 문제나 배우자의 집착을 발견하기보다 부모인 나의 집착을 바라보는 것부터 시작해야 한다. 내가 누구인지를 알아야 다른 사람이 보인다. 나를 아는 만큼 다른 사람을 이해할 수 있다. 나의 집착으로 인해 괴로운 시간을 보낸 만큼 다른 사람의 집착을 수용할 수 있는 능력도 생긴다.

그래서 에니어그램을 공부해야 하는 이유는 개인적 이유로도 충분할 수 있지만, 특히 부모에게 이것을 권하는 이유는 부모 자신은 한 명이 아니라 여러 명을 살릴 수 있는 능력있는 구조대원이 될 수 있기 때문이다. 이 훈련을 시작한다면 말이다.

하지만 에니어그램을 통해 자기의 집착을 발견하고 슬퍼하며 머물다가 결국은 하나님을 구할 수밖에 없을 것이다. 아무리 노력해도 반복적으로 무너질 수밖에 없는 인간의 죄성을 마주하게 될 수밖에 없기 때문이다.

영성의 최고봉은 절대자와의 만남이다. 차원이 다른 존재를 만남으로 변화되기를 인간은 사모하나, 하나님의 영이 인간 안에 머물러 있는 사람은 더욱 갈망한다. 이것은 죄책감이 아니라 하나님을 향한 사모함이다.

기독교는 아무것도 할 수 없는 인간의 무능력함 앞에 좌절하는 것이 아니라 그런 우리를 불쌍히 여기시고 도와주시는 성령 하나님께 간구할 수 있는 길을 제시한다. 그러니 우리가 좀 노력해서 잘되지 않아도 쉽게 포기하지 않을 이유는 충분하다.

하나님께서 나를 만드셨고 나를 아시고 도와주실 것이다. 이 길을 같이 걸어가 주실 것이다. 그리고 우리의 눈을 열어 주님을 보게 하실 것이다. 그분 안에 있으면 말이다.

5. 격정이란 무엇인가

격정은 영어로 패션(passion)이다. 패션은 흔히 열정이라는 뜻으로 많이 알려져 있다. 그런데 기독교에서는 이 단어를 다른 의미로 사용한다. 예수 그리스도의 고난당하심이라는 뜻으로 패션이 해석될 때 이 말은 라틴어 파시오(passio)의 어원에 기원을 둔다. 파시오는 동사 파티오르(patior)에서 파생되었고 이 뜻은 "견디다, 참다, 겪어내다"를 의미한다.

예수님의 수난(Passion)은 예수님께서 이 세상에 사시고 십자가에 못 박혀 죽임을 당하기까지 겪는 고통을 의미하지만, 그것이 가능할 수 있었던 것은 구원이라는 하나님의 뜻을 이루고자 하는 열정이 있어서이다.

예수님은 우리 삶의 궁극적인 모델이시다. 스스로 죽기까지 고통을 당하신 자발적인 희생과 인간이 되심으로 연약한 모습을 취하심은 패션이 가지고 있는 양면성을 잘 보여준다. 그러나 인간은 그렇지 않다.

인간의 격정은 인간의 이성이나 욕구와 일반적인 감정과 다른 의미로 쓰인다. 그리스 관점에서 격정(passions)은 굉장히 위험하고, 파괴적인 힘을 가진 것으로 이성의 사유를 방해한다고 알려져 있다. 이런 의미 때문에 감정과 다르게 격정은 감정보다 더 낮은 수준의 감정 상태를 의미할 때 사용되는 말이다.

격정은 감정보다 더 충동적이고 부정적인 감정이 지속될 때 사용한다. 격정의 상태에 지배를 당하면 자기 스스로 그것을 멈출 수 없다는 점에서 불행이 연속된다.

여기서 격정이 가지고 있는 특징을 좀 더 생각해보도록 하자. 격정이라는 것은 이성적 작용이 아니다. 이성으로 판단하는 것이 아니라 자연스럽게 내 몸에 장착된 슈트(suit)와 비슷하다.

이것은 오랫동안 내가 자연스럽게 사용했던 방식이라 익숙한 감정이다. 내가 화가 나거나 불안하거나 두려울 때 자동으로 생기는 감정적 반응이다. 이런 상태에 있으면 격정에 잡혀 있는 상태라 내가 무엇이 잘못인지를 알지 못한다.

성경에서도 "너희가 전에 알지 못할 때"가 있었음(벧전 1:14)에 대해 말한다. 격정은 인간이 가지고 있는 무질서한 욕구이고, 이 욕구는 저속하고 파괴적이고 인간을 고통으로 내민다. 그래서 격정은 부정적으로 인간을 밀어 넣고 망가뜨린다.

하지만 격정을 자기 인식의 거울로 사용하면, 내가 어떤 수준인지를 이해할 수 있다. 격정은 건강하지 못할 때, 달리 말해 의식 수준이 낮을 때 일어나는 감정 상태이다. 에니어그램 용어로 사람마다 나타나는 격정을 제시하면 다음과 같다.

에니어그램 용어로 살펴보는 격정

	8유형	9유형	1유형	2유형	3유형	4유형	5유형	6유형	7유형
격정	욕망	나태	분노	자만	허영	시기	탐욕	두려움	탐닉

8유형의 격정은 욕망이다. 그들의 욕망은 과도하고 강렬하고 넓다. 음악도 크게 틀고 먹는 것도 배가 고프면 못 참는다. 8유형을 둔 남편은 퇴근하기 전에 아내에게 전화를 건다. 밥을 차려놓으라는 것이다. 들어가자마자 밥이 차려 있어야 한다. 조금만 늦으면 불호령이 떨어진다. 격정의 상태에 있으면 충동적이고 자기감정을 참을 수 없다. 그래서 훗날 후회할 일을 자기도 알지 못한 상태에서 서슴지 않고 행한다.

9유형의 격정은 나태이다. 나태는 행동, 성격 따위가 느리고 게으른 상태를 뜻한다. 일반적으로 우리가 아는 게으름은 할 의지가 전혀 없는 것이다. 하지만 에니어그램에서 보는 나태는 무엇을 하고 있지 않은 게으름을 의미하는 말이 아니다. 여기서 나태는 다른 사람을 생각하지 않고 자기 자신에게 취해있는 상태라 할 수 있다.

9유형의 부모가 핸드폰을 하고 있다. 누가 들어왔는지 옆에서 무슨 이야기를 하는지 잘 모른다. 정말 모른다. 이것은 중독의 상태가 아니라 자기에게 취해있기 때문에 다른 사람이 뭐라고 하는지, 뭐 하고 있는지 안 들리고 안 보이는 것이다.

혹은 가만히 소파에 앉아서 움직이지 않는 게 다른 사람에게는 게으름으로 보일 수 있다. 그런데 이 사람은 게을러서 이렇게 하고 있는 게 아니다. 지금 너무 이것이 좋아서 편안해서 다른 것으로 전환하지 않는 것이다. 내가 좋아하는 상태, 편안함을 누리는 상태에 빠져 있으면 다른 상황이나 사람, 일로 바꾸려고 하지 않는다.

9유형의 사람들은 게으른 사람이 아니다. 사회적으로 성공한 사람도 많다. 9유형의 부모 중에는 학자도 있고 교사도 있고 사장도 있다. 이 말은 마음의 작동방식이 나태하다는 것을 말하는 것이지 행동 방식에 관한 것이 아니다. 또한 게으르다는 것이 주변 환경이나 행동에 관한 것이 아니고, 어떤 일이 일어날 때 자기의 지금 마음을 포기할 수 없어서 계속 붙잡고 있는 것을 뜻한다.

그러니 남들이 볼 때는 움직이지 않는 것을 보니 게으르다고 오해할 수 있겠지만 에니어그램은 겉으로 드러난 것보다 그 사람이 가지고 있는 숨은 동기에 대해 말해준다. 그래서 9유형의 부모 자신은 평온한데 주위 사람이 괴로운 경우가 많다. 가족들처지에서는 반응이 느리고 주의를 기울이지 않는 부모가 답답하고 실망스럽다.

1유형의 격정은 분노이다. 이들 역시 자기 안에 있는 분노를 알지 못하지만, 화가 나 있다는 것을 주변 사람들은 다 느끼고 있다. 당연히 1유형에게 화났냐고 물어보면 안 났다고 한다. 화가 난 것처럼 보이는데 화가 안 났다고 하니 주변 사람들은 불편하다. 차라리 화가 났다고 말해주면 좋겠다고 생각하겠지만 1유형은 화가 났다고 인정하는 것이 어려워서 그렇다.

솔직히 화가 났는데 분노는 나쁘다고 생각하고 있어서 화가 났는데 화가 안 났다고 하는 것이다. 이 미묘한 차이를 이해할 수 있어야 한다. 1유형 부모가 화가 나면 입에서 판단과 비판의 말이 나온다. 왜 이렇게 했냐는 말이다. 세상에 대해서도, 자기 자신에 대해서도 화가 나 있는 상태이다. 그러니 옆에 같이 사는 가족에게는 어떠하겠는가. 자기는 모른다고 하지만 주위 사람들은 불편하고 힘들다.

1유형의 분노는 자기가 세운 기준 때문에 힘든 사람들이다. 그러니 1유형 부모와 같이 사는 자녀들은 웬만해서 칭찬을 받지 못한다. 부모의 마음에 든다는 일은 정말 어려운 일이기 때문이다. 그러면 1유형 부모가 일부러 괴롭히려고 그러느냐. 그렇지 않다. 자기도 모르게 엄격한 원칙과 원리로 세상을 바라보고 또한 그렇게 살기 때문이다. 그래서 사람을 알면 이해가 되고 사람에 대한 연민의 마음이 생긴다.

2유형의 격정은 자만이다. 자만한 사람은 자기가 관심을 두고 속해 있는 곳의 사람들에 대해 영향력을 행사하고 스스로 만족한다. 이 자만은 건강한 수준에서는 다른 이를 향한 돌봄과 희생으로 나타나지만 건강하지 않은 상태가 되면 다른 사람을 옭아매고 자기 마음대로 휘두르려고 한다.

2유형 부모는 내가 안 도와주면 큰일이 난다고 생각한다. 누군가를 희생하고 봉사하고 노력하는 것이 좋고 그렇게 해야 한다고 생각한다. 그런데 이들의 수고를 상대가 알아주지 않거나 말하지 않으면 문제가 된다. 고마움이나 칭찬을 하지 않으면 자기가 사랑받지 못한다고 생각되기 때문에 주변 사람은 항상 2유형에게 인정의 말을 해줘야 한다. 그렇지 않으면 극도로 무너지는 모습을 보여준다.

2유형의 가족들은 어쩔 수 없이 도움을 받지 않을 수도 없고 피할 수도 없다. 너무 피곤하고 힘이 든다. 도와주면서 받는 사람보다 자기의 자기만족이 커서 하는 사람이다. 이것을 알아차리지 않으면 선한 동기에서 비록 시작했다고 하더라도 사람들을 숨 막히게 한다. 자기 마음에 들게 하지 않으면 파괴적인 격정이 일어나 사람들을 괴롭힌다.

3유형의 격정은 허영이다. 허영(虛榮)은 자기의 지식이나 경제적 능력, 분수 등을 살피지 않고 화려하게 꾸미는 것이다. 3유형 부모는 다른 사람이 우리 가족을 어떻게 보는지가 중요하기 때문에 성공한 모습, 돈이 있어 보이는 모습, 많이 아는 모습으로 자기를 꾸민다. 집은 작게 살아도 차는 크게 타야 한다고 생각한다. 시장에서 물건을 사도 백화점에서 산 것처럼 행동한다. 방금 집에서 남편과 싸우고 얼굴이 붉으락푸르락하다가도 아파트 문을 열고 엘리베이터에서 이웃을 만나면 금세 표정을 바꾸고 아무 일 없던 것처럼 표현한다. 3유형 부모는 이미지가 중요하기 때문에 너무도 태연스럽고 자연스럽게 포커페이스(poker face)가 된다.

또한 자기에게 유리한 것은 말하지만 불리한 것은 잘 말하지 않는다. 주보에 헌금 이름이 나오면 헌금하지만 나오지 않으면 하지 않는다. 쓰던 인형을 교회에 가지고 오면서도 중고라고는 하지 말고 기증자로 내 이름이 나오기를 바란다. 이렇게 살다 보면 내가 무엇을 놓치고 있는지 잘 모르는 것이 당연하다.

4유형의 격정은 시기이다. 시기는 남이 잘되는 것을 샘내고 미워하는 행위가 아니라 자신의 마음에서 다른 사람이 없는 것 때문에 생기는 슬픈 감정이다. 이 감정이 좀 더 지나치면 나도 못 갖고 다른 사람도 못 갖게 만드는 심각한 시기심으로 발전될 수 있다. 하지만 다른 유형의 격정과 마찬가지로 자기도 모르게 자동으로 일어나는 감정이다. 일부러 시기하려고 마음을 먹은 것이 아니다. 시기는 자기 자신에게 만족하지 못하게 하고 다른 사람의 것을 부러워하는 마음에서 생긴다.

그래서 자기가 아닌 다른 사람을 바라보고 인생의 프레임이 짜여서 늘 우울하고 슬프고 힘들다. 자기만족이나 행복이 별로 없다.

마찬가지로 4유형의 부모는 누군가의 지식, 젊음, 가족 등이 가지고 있는 어떤 특정한 부분을 부러워하고 그것을 가지기 위해 노력하고 애쓴다. 하지만 결국 가지면 금세 싫증을 내고 다른 것을 또 찾아 나선다.

5유형의 격정은 탐욕이다. 흔히 탐욕이라고 할 때, 지나치게 욕심이 많은 사람이라고 생각할 수 있다. 그런 것이 아니다. 모든 것을 갖춘 아합왕에게 나봇의 포도원은 중요한 게 아니다. 하지만 꼭 갖고 싶다고 생각하는 탐욕으로 인해 나봇은 죽임을 당한다. 아합에게 포도원이 없었던 것이 아니다. 그러나 꼭 그것이어야 했다. 자기 눈에 좋아 보였기 때문이다. 아합은 탐욕적인 사람이다. 다윗이 밧세바를 가진 것도 탐욕의 한 측면을 보여준다.

그런데 에니어그램에서 말하는 탐욕은 이런 의미가 아니다.

5유형의 격정인 탐욕은 내가 지금 가지고 있는 것을 지키고자 하는 것이다. 무언가를 가지려고 노력하는 것이 아니라 다만 보호하고 지키고자 하는 것일 뿐이다. 그것이 얼마든지 간에 상관없다.

대개 5유형의 부모는 검소하고 다른 사람에게 피해를 주지 않으려고 한다. 그렇다고 뭘 사주지도 않는다. 자료를 좀 공유해달라고 하면 정보를 얻는 것이 여간 쉬운 일이 아니다. 한두 번은 실수였겠거니 하다가 몇 번 반복되면 일부러 주지 않는다는 것을 주위 사람들도 알게 된다.

그러면 왜 자료나 정보를 자기는 다른 사람에게 받으면서 안 주는 걸까? 혹은 식사나 커피 자리에서 왜 사는 것을 주저하는 걸까? 이들의 격정을 알기 위해서는 어릴 적 어떤 환경에서 어떻게 자랐는지를 들어봐야 한다. 이들은 어린 시절 자기들의 기억에 불우하게 자랐다고 말하는 경우가 많다. 그래서 내가 가지고 있는 것을 지키려고 하는 것이다.

5유형이 집을 사고 차를 샀다고 한다면 부지런히 모아서 산 경우일 것이다. 빚을 잘 지지도 않는다. 하지만 5유형 부모 밑에서 자란 자녀가 있다면 그들은 부모를 어떻게 생각할까? 자신에게는 검소하지만, 우리에게는 넉넉하셨던 분이라고 생각하지 않을 것이다. 자녀들 역시 부모로부터 보고 자란 경험을 통해 부모에 대해 그다지 긍정적인 이야기를 하지 않을 가능성이 크다.

6유형의 격정은 두려움이다. 이 두려움은 어떤 특정한 대상이나 사건이 있어서 두려운 것이 아니다. 그저 믿을 수 없어서 생기는 두려움이다. 6유형의 부모는 어릴 적 신뢰할 수 없는 부모 아래에서 자랐다. 그래서 자기가 책임지고 삶을 개척해나가야 하는 경우가 많았다.

6유형은 두려우므로 최악의 시나리오를 작성하고 걱정을 하기 시작한다. 여러 가지 경우의 수를 생각하고 그것을 다 막을 생각을 한다. 그러니 누군가를 믿기도 어렵고 신뢰를 경험하지 못한 상태이기 때문에 무언가를 움직여서 할 생각도 할 수 없다. 실제로는 일어나지 않는 두려움이라는 것을 알지만 어쩔 수 없다.

그런데 이 불안을 품고 신실하게 하나님을 믿는 부모들이 6유형 가운데 많다. 굳건한 바위와 산성 되시는 하나님 한 분밖에 없음을 알기 때문이다.

7유형의 격정은 탐닉이다. 사전적 의미로 탐닉(耽溺)은 어떤 일을 몹시 즐거워하기에 거기에 빠져버리는 상태이다. 그런데 7유형의 격정이 바로 이 빠져 버리는 데 집착하기 때문에 문제가 된다. 자신에게 쾌락을 주는 것에 과도하게 열정을 담는다.

그것이 성적인 것일 수도 있고 놀이나 여행, 취미활동이나 공부일 수도 있다. 혹은 일이나 사람일 수도 있다. 거기에 빠지면 다른 것을 돌보지 않는다.

그래서 7유형은 즐겁고 재미있고 계획이 많은데 가족들은 힘들어한다. 7유형 부모가 일을 저지르고 가면 그것을 정리하고 뒷수습해야 하는 일은 다른 가족의 몫이기 때문이다. 밖에서는 젠틀맨이고 인기가 많지만, 가정에서는 좋은 평가를 받지 못하는 이유가 이러한 이유 때문이다.

격정은 그동안 나를 이해할 수 없었던 부분들을 발견하게 해주고, 특별히 내 마음에서 일어나는 마음의 작동원리들에 대한 불건강한 방식이 무엇인지를 밝혀준다.

내가 왜 그 말이 싫었고 그 말이 내 귀에는 어떻게 들렸는지를 설명해준다. 이것은 단순히 내가 몇 번 유형인지를 아는 것이 아니라 나의 의식을 확장해야만 알 수 있는 것이다.

우선 내가 작동하는 방식인 격정을 알아야 한다. 그래야 그것으로부터 빠져나갈 수 있다. 인간이 만든 격정은 그것으로부터 스스로 벗어나려고 노력할 과제가 있다는 것을 알려주지만 동시에 그러한 노력이 얼마나 힘겹고 어려운지에 대해 말하고 있다.

이것은 성화의 과정이다. 성화의 과정은 인간의 노력만이 아니라 하나님의 은혜가 필요하다. 우리에게는 하나님이 필요하다. 하나님의 도우심을 통해 인간의 변덕스러운 격정은 거룩으로 바꾸어 갈 수 있다. 그것이 미덕이다.

 하나님 안에는 하나님의 미덕이 있다. 그리고 하나님께서 만드신 인간 안에는 죄를 불러오는 격정과 고착과 같은 때가 낀 그을림도 있지만, 하나님의 속성인 미덕을 보고 그렇게 살고 싶은 거룩에 대한 갈망도, 변하고 싶은 의지도 함께 있다.

6. 부모가 변하면 자녀가 변할까요?

　부모가 변하면 자녀가 변하냐는 질문은 이런 생각에서 비롯된다. 우선 부모가 변하는 것이 먼저냐는 질문에는 우선순위와 관련하여 방향에 관한 질문이라 생각된다. 부모가 변하면 자연스럽게 자녀가 정말 바뀔 수 있냐는 희망 섞인 질문이기도 하다. 혹은 부모가 변한다고 자녀가 변한다는 보장이 있냐는 불안이 섞인 질문이기도 하다. 혹은 왜 꼭 부모라고 하냐는 부담감이나 염려일 수도 있다.

　부모는 자녀를 낳음으로 자연적으로 생긴 타이틀(title)이다. 오죽하면 나도 부모가 처음이라는 하소연 붙은 문장들이 돌아다닌다. 부모도 처음이고 자녀도 처음이다. 모두가 처음이다. 부모도 아이 같고 아이는 원래 아이니깐 문제가 되지 않는다.

　어른이 되었다고 하지만 해결해야 할 과제들은 너무 많은 것 같고 망설이게 된다. 어른아이(adult child). 우습지만 어른의 모양으로 아이처럼 유치하고 감정적인 어른이며 아이스러운 어른아이다.

　자녀가 자라듯 부모도 자라야 한다. 가만히 있으면 부모가 되는 게 아니다. 배워야 하고 바뀌어야 한다. 왜냐하면 그것은 아이가 자라기 때문이다. 아이가 자라면서 부모도 자라야 한다.

자람은 성장한다는 것이다. 자라지 않은 것은 죽은 것이다.

하지만 부모의 역할이 힘든 이유는 회사처럼 업무 리스트(to do list)가 정해져 있는 것이 아니고 상황에 따라, 아이의 상태에 따라 매번 바뀌고 달라져서다. 그래서 부모가 되면 참 어렵다. 내 마음대로 되는 일이 없다. 겸손이라는 것은 성품의 겸손이 아니라 환경의 겸손이 있다. 환경이 달라지면 거기에 내가 맞춰야 하는 그런 겸손이다.

예를 들어, 내가 생각한 일들이 있다. 아이가 없을 때를 떠올리며 가고 싶으면 가고 먹고 싶으면 먹을 수 있던 때가 있었다. 그런데 자녀가 생긴 후, 아이가 갑자기 아프거나 다치면 계획을 했던 일이라도 취소해야 한다. 그렇게 자녀니깐 해야 하고 할 수 있는 일들이 있다.

내 그릇이 자녀 덕분에 억지로라도 커지고 있다. 그래서 내가 자녀를 가르치기도 하지만 자녀가 나를 가르치기도 한다. 내가 배 아파서 낳은 자녀이므로 부모는 자녀 말이라면 들을 수밖에 없다. 어떤 의미에서 부모인 나를 고치는 일등 선생은 자녀다. 부모는 자녀를 통해서만 움직인다.

남편을 위해서는 울지 않더라도 자녀를 위해서는 울며 기도하는 어머니가 있다. 아내를 위해서는 밤새 간호하지 못해도 자녀가 아프면 어쩔 줄 몰라 하는 아버지도 있다. 이런 일은 자녀라서 가능하고, 부모가 해야 할 일이라 당연하게 여긴다. 그러니 자녀를 키우며 수고스럽기는 해도 자녀가 주는 기쁨과 행복 때문에 산다고 말하는 부모가 많다.

그런데 부모가 힘든 이유는 부모가 처음이라서 힘든 것이라기보다는 부모로서 갖게 되는 부모됨의 정체성이 흔들리기 때문이다. 부모로서 나는 누구인가. 한 사람의 개인이 아니라 누구의 엄마, 누구의 아빠로서 나는 누구인가. 그리고 성경은 무엇이라고 말하고 있는가.

하나님께서 부모를 존중하라고 모든 사람에게 듣고 지키라고 명하신 이유는 부모는 다른 어떤 역할과 다르게 매우 중요한 부모로서만이 할 수 있는 사명이 있어서다.

십계명에는 다른 직분을 맡은 사람은 나오지 않는다. 오직 부모에 대해서만 말하고 있다. 심지어 부모를 공경하라고 할 때 그 공경이라는 단어는 심지어 하나님을 경외하는 말과 같은 단어를 사용했다.

부모의 권위를 이렇게까지 높여주신 이유는 이 세상에 부모만이 생명을 전달해주는 하나님의 심부름꾼으로 그들의 독특한 역할이 있음을 크게 인정해주는 것이다. 동시에 부모는 자녀의 구원을 위해 영적으로 말하고 가르치고 함께 해야 할 의무가 있다는 강조이기도 하다.

그래서 부모됨을 가볍게 여기면 안 된다. 부모를 업신여기면서 부모의 말을 듣지 않으면 안 된다. 또한 부모가 자녀를 이 세상에 낳아 주었다고 부모로서 내 역할은 다해준 것으로 생각해서도 안 된다. 부모가 자녀의 육체의 삶을 위해 먹이고 입히고 공부시키고 등의 앞날을 위한 노력을 다했다고 해서 부모의 역할을 다한 것으로 생각해서는 안 된다는 말이다.

이런 일은 믿지 않는 부모도 하는 일이다. 이것을 했다고 하나님께서 칭찬하실 리 없다. 이것은 지상에 있는 모든 생명체가 자식을 위해 할 수 있는 본능적인 일이다. 여기에서 더 나아가야 한다. 부모가 자녀에게 신앙교육을 해야 하는 이유가 여기에 있다.

많은 부모가, 신앙이 있는 부모라고 할지라도, 신앙이 자녀에게 별로 도움이 되지 않는다고 생각하는 것 같아 안타깝다. 요즘 사람들에게 신앙이란 사적인(private) 것이다. 신앙이 있는 것도 개인의 자유라는 것이다. 그래서 부모들도 자녀에게 신앙에 대해 말하는 것을 주저한다.

그런데 이상한 것은 그것 말고는 너무도 간섭하고 있다. 가장 중요한 신앙에 대해서는 말하지 않고 그것만 빼고 말한다. 이상하지 않은가. 가장 중요한 것을 말하지 않고 다른 것을 말한다. 왜 그런가. 부모 자신도 확신이 없기 때문이다.

부모가 예수 그리스도를 주인으로 모시고 내 삶의 주관자가 되시고 구원자가 되신다는 믿음이 있으면 자녀를 그냥 내버려 둘 수 없다. 자녀에게 소리 지르고 억지로 끌고 오라는 것이 아니다. 부모가 이것을 중요한 가치로 여긴다면 오늘날과 같은 모습은 보일 수 없다는 것이다.

주일 아침 풍경이다. 밥을 먹었냐고 묻는다. 오늘 학원 보충 있냐고 묻는다. 그런데 예배 드렸냐고는 묻지 않는다. 기도했냐고는 묻지 않는다. 왜 그런가. 부모인 나도 어색하고 괜히 기분 나쁘게 하고 싶지 않다는 것이다. 신기하지 않은가. 언제부터 우리 가정이, 믿는 집안이라고 하면서 신앙에 관한 이야기만 빼고 대화한다.

여러분의 가정은 어떤가. 말씀을 서로 나누고 기도를 부탁하고 교회 가기 위해 깨워주고. 이런 기독교적 양육이 가정에서 일어나고 있는가.

신앙 빼고 말하면 된다고 하다가 아이가 다 크면 교회로 돌아올 리 없다. 부모가 기도해도 그럴 리 없다. 주변에 후회하는 교인들이 많이 있다. 그들은 자녀 없이 홀로 교회에 나와 예배 드리고 있다. 우리가 말하지 않았던 결과이다.

그래서 지금이라도 시작해야 한다. 불편한 이야기일 수 있다. 하지만 들려줘야 할 이야기다. 하나님께서 부모에게 주신 사명이다. 내가 밥 차려주고 차 태워주고 용돈 줄 때 신앙에 대해 이야기할 수 있는 기회(chance)이다.

하나님께서 부모로 세우신 것은 하나님 대신 하나님이 전할 이야기를 자녀에게 들려주라고 세워주신 것이다. 단순히 효도보험처럼 자녀가 출세하고 잘돼서 나중에 내가 노인되면 용돈 많이 주고 자녀를 자랑하라고 주신 것이 아니라는 것이다. 속지 말아야 한다. 왜 부모냐고 서두에 물었었다. 부모로부터 신앙교육이 시작되니깐. 부모가 아니면 아무도 할 수 없으니깐.

7. 나는 어디에 힘을 쓰는 부모인가?

에니어그램은 인간의 성격유형을 9가지로 분류하고 있으며, 이 9가지는 다시 세 가지 중심들로 묶어서 설명하고 있다. 인간은 주로 자기가 사용하고 있는 방식이 있고 그 방식을 주로 사용한다.

인간은 행동, 감정, 사고가 있고 이 세 가지 방식은 서로 긴밀한 연관이 있다. 서로가 서로에게 영향을 미친다는 말인데 그렇다고 하더라도 주로 내가 편하게, 익숙하게 사용하는 방식이 중심 센터가 된다.

에니어그램의 세 가지 중심 센터

- 행동중심
- 사고중심
- 감정중심

그래서 에니어그램에서는 인간의 주된 방식이 무엇인지에 따라 내가 선호하는 방식이 있다는 것을 알 수 있다. 이것을 알면 내가 주로 세상을 어떻게 바라보고 문제가 생겼을 때 어떤 방식으로 힘을 사용하는지를 알 수 있다.

그들은 아이가 학교에서 맞고 왔다고 할 때, 각 사람은 반응하는 방식이 다를 수밖에 없다. 행동 중심의 부모는 문제가 생기면 힘을 사용하려고 한다. 자기에게 있는 영향력을 행사할 때 무력이나 위협, 공격의 방식으로 행사할 수 있다. 건강하지 못하다면 말이다.

행동 중심의 부모는 스트레스가 쌓이면 그것을 신체 밖으로 펼치려고 하는 성향이 있기 때문에 아이를 돕는다고 하지만 알아차리지 않으면 아이보다 더 화를 낼 수 있다. 그렇게 되면 이제는 아이의 문제가 아니라 내 문제로 이어지고 크게 확대된다.

예컨대 학교에 찾아가 난장판을 만들 수 있고 문제를 논리적으로 판단하지 못하고 여과 없이 분노를 폭력적으로 행사할 수 있다. 물론 행동 중심의 부모가 다 이런 식으로 접근하는 것은 아니다. 그렇지만 내가 문제를 해결하는 방식을 발견하고 그것을 건강한 방식으로 해결할 수 있으려면 문제상황이 생겼을 때 내가 사용하는 방법을 살펴보면 알 수 있다.

유치원에서 한 아이로부터 꼬집히고 얼굴에 상처가 생긴 채

집에 돌아왔다. 아이의 부모는 화가 난 상태로 선생님에게 전화를 걸었다. 어떻게 유치원에서 아이를 봤길래 아이의 얼굴에 상처가 났냐고 따진다. 상대에게 말할 기회를 주지도 않고 내가 본 대로 그대로 말하고 있다고 생각한다. 말할수록 점점 목소리에 힘이 들어가고 흥분을 감출 수 없다. 당장 달려가 CCTV를 확인하겠다고 말하고 유치원으로 달려간다.

그런데 유치원에서 본 모습은 내가 생각했던 것과 달랐다. 아이는 다른 친구를 밀고 가만히 놀고 있는 친구의 장난감을 여러 차례 빼앗았다. 그래서 화가 난 친구가 울면서 달려들어 얼굴에 상처를 냈다. 부모는 그 모습을 보고도 흥분이 내려앉지 않았다. 이제는 선생님을 향해 분을 낸다. 분노의 과녁(target)이 친구에서 선생님에게 옮겨졌다. 아이들이 이렇게 할 때까지 방관한 게 아니냐며 따지기 시작했다.

행동 중심의 부모는 사고를 덜 움직이고 다른 사람의 감정을 헤아리지 못한다. 오직 자기가 생각하고 느끼는 본능적인 감각을 통해 문제를 해결하려고 해서 때론 문제를 더 복잡하게 만든다. 먼저 물어봤더라면 좋았을 텐데 이런 점이 부족하다. 내가 잘못 생각한 것일지도 모른다는 생각은 아예 하지 않기 때문에 상대방을 몰아세우고 응징해야 한다는 생각에 몸이 먼저 반응한다.

같은 문제가 가슴형의 부모에게 생겼다면 어떻게 해결할까? 우선 아이의 마음을 살핀다. 얼마나 무서웠고 힘들었을지 아이의 눈을 바라보며 아이를 안아준다. 아이에게 여러 차례 괜찮냐고 물으며 마음을 달래준다. 아이가 느꼈을 마음을 온전히 자기의 것으로 가져온다.

아이처럼 자기가 아프다. 무기력한 상태로 아이의 문제를 바라보며 이것을 어떻게 해결할지 생각한다. 하지만 생각보다 대안이 나오거나 행동하기보다, 그저 지금은 너무 슬프고 가슴이 아프다. 잠도 못 잔 채 밤을 새운다. 아이의 상처 난 얼굴에 약을 발라주고 훌쩍댄다. 아직 문제를 해결하고 싶은 생각은 못한다. 그냥 이 상태에 젖어 있다.

다른 감정형의 부모는 아이가 학교에서 맞았다는 것에 대한 두려움과 수치가 몰려온다. 우리 아이를 사람들이 어떻게 볼까, 이 아이가 학교를 계속 다닐 수 있을지 걱정한다. 아이는 다음 날도 어김없이 학교에 갔다. 오히려 부모는 이런 자녀의 모습이 대견스럽기도 신기하다. 저런 일을 당하고도 학교에 갈 수 있다는 것이 기특하기도 하고 이상하게 보인다. 학교에 찾아가서 이 문제를 풀어야 한다고 생각한다.

하지만 문제보다 더 걱정되는 건 상대방이 나를 어떻게 볼지에 대한 이미지다. 우리 집을 어떻게 볼까, 내가 어떻게 말을 해야 할까 등으로 고민한다. 가슴형의 부모는 이런 일을 당했으니 당장 학교를 옮겨야 한다고 생각한다. 그런데 문제가 생길 때마다 옮겨 다닌다면 어떻게 될까. 문제를 해결하고 이성적을 사고하고 냉정하게 판단해야 할 사람은 부모이다. 그런데 부모가 행동하지 않고 사고하지 않는다면 아이는 누구와 의논해야 할까.

사고 중심의 부모는 이 사건이 일어난 전후를 정확히 알고자 하는 데 주력한다. 상황을 분석하고 통제하고 예측한다. 아이의 상처를 치료하고 어떻게 결론을 내릴 것인지 해결하는데 모든 머리를 사용한다. 지금 맞고 온 아이의 마음은 이 문제를 해결하는 데 도움이 되지 않는다고 생각한다. 위로받고 싶은 아이의 마음은 부모로부터 공감을 얻을 수 없다.

학교에 당장 전화를 걸어 선생님과 통화를 하고 녹음을 한다. 그리고 상대측 아이의 부모님과 통화를 한다. 어떤 것이 사실인지를 여러 사람의 의견을 토대로 종합적 판단을 내린다. 다음 날 학교에 간다. 냉정한 얼굴과 차가운 시선으로 결론을 내리는 데 필요한 정보를 모으는 데 힘쓴다.

극단적인 방식으로 행동 중심의 부모, 가슴 중심의 부모, 사고 중심의 부모의 예를 들어 설명했다. 문제를 두고 해결하는 방식이 저마다 극명하게 다르게 나타난다는 것은 사람을 이해하는 데 도움을 준다. 물론 인간은 행동과 감정, 사고가 무엇이 우선인지 모를 정도로 긴밀히 연결되고 영향을 주고받기 때문에 자기가 무엇을 주로 사용하는지를 발견하는 것은 어쩌면 어려운 일이 될 수 있다.

하지만 이를 발견할 수 있는 간단한 방법이 있다. 그것은 문제가 생겼을 때 내가 어떻게 힘을 사용하냐는 것이다. 힘이라고 할 때 그것은 영향력을 행사하는 방식이라 할 수 있다.

문제가 생길 때 몸을 먼저 움직이는 사람이라고 한다면 행동 중심이라고 할 수 있다. 문제가 생길 때 감정적으로 반응하는 사람이라고 하면 감정 중심의 사람이라고 할 수 있다. 문제가 있으면 머리로 생각하고 그 안에서 예측하고 움직이는 방식이 사고 중심의 사람이라 할 수 있다.

사람은 3가지 방식을 다 사용하지만 주로 내가 사용하는 방식이 있다는 것이다. 그것을 이해하기 쉽도록 행동 중심, 감정 중심, 사고 중심이라고 부르고자 한다.

에니어그램에서는 장 중심이라고 할 때 그것은 행동과 본능을 말하는 것이다. 주로 8,9,1유형이 행동 중심에 속한다.

감정 중심이라고 하는 것은 가슴과 정서, 느낌을 사용하는 것으로 에니어그램에서는 2,3,4유형이다.

마지막으로 사고 중심은 머리 중심이라고도 표현하는데 생각, 사고를 주로 사용하는 사람들로 5,6,7유형이다.

중심 센터	행동 중심 (instinctive center)	감정 중심 (feeling center)	사고 중심 (thinking center)
유형	8,9,1유형	2,3,4유형	5,6,7유형
특징	본능과 직감을 가지고 세상과 직접적으로 참여 현실적·직접적인 방식	내면의 감정을 통해 세상을 읽는 방식 기억 이미지 비전 꿈	논리를 가지고 세상을 관찰하는 방식 정교함 미래 계획적

대부분 평안할 때는 문제가 아니지만 그루지예프(Gurdiiev)가 말한 것처럼 수준이 내려가는 쇼크 포인트(shock points)가 오면 인간은 자기에게 제일 익숙하고 편하게 사용한 방식으로 힘을 사용하게 되어 있다. 그래서 자기의 방식을 알고 그것을 건강하게 사용하는 방식을 알아야 한다.

내가 가슴 중심이지만 상대가 행동 중심이라면 나는 어떻게 대해야 할까? 대화, 상담, 문제해결 방식 등에 대한 접근방식이 다를 것이다. 그래서 자기를 이해하는 것이 에니어그램을 배우는 일차적인 이유라고 한다면 그것은 다른 사람을 위한 이유일 수도 있다. 왜냐면 우리는 함께 살아가기 때문이다.

아무리 내 아이를 선하게 키우려고 해도 내 아이가 속한 세상이 악하다고 한다면 내 아이만 바꿔서는 되지 않는다. 그래서 우리는 같이 공부하고 같이 변해야 한다.

행동 중심의 부모는 화가 나면 자꾸 물리적으로 힘(force)을 쓰려고 한다. 포스(force)라고 번역하는 힘은 파워(power)와 다르다. 파워는 본질에 가까이 가려고 할 때 사용하는 힘이다. 파워는 건강한 힘, 생명을 살리는 힘이다.

하지만 행동 중심의 부모가 사용하려고 하는 힘은 포스이다. 포스는 사람이나 재산, 학위, 인맥 등을 통해 상황을 통제하고 영향력을 행사하는 데 힘을 사용하려고 한다. 문제가 생기면 그 문제를 받아들이지 못하고 해결이 아닌 공격을 하는 데 초점이 맞춰져 있다.

그래서 문제가 생기면 당사자보다 더 화를 낸다. 가족들은 행동 중심으로 에너지를 사용하는 가족이 있을 때 그들이 내는 화를 참고 대신 그로부터 보호, 해결을 기대한다. 이런 방식으로 가족들은 행동 중심의 사람들이 문제를 해결해주기를 바라고 보호해줄 것을 바라며 때때로 어긋나 문제를 일으키는 문제아가 되기도 한다.

자기에게 속한 사람이나 재산에 대한 보호는 다른 형태로 암묵적인 지배와 통제를 허락하는 것이라 할 수 있다. 내 말을 잘 들으면 내가 이렇게 해줄 거야 하는 거래와 같다. 드라마에서 간혹 부모들이 자기 자녀에게 카드를 줬다가 자녀가 말을 듣지 않으면 카드를 빼앗거나 유산을 물려주지 않겠다는 식으로 반응하는 경우가 이런 예라고 할 수 있겠다.

내가 행동 중심의 속한 부모라고 한다면 나의 힘을 가지고 누구를 향해 어떤 목적으로 사용하고 있는지 자기의 행동 방식, 혹은 문제해결 방법에 대해 생각해 볼 수 있어야겠다. 자기 자신에게는 숨길 수 없다. 내가 진실한 만큼 성장할 수 있다.

구체적으로 행동 중심의 하위유형에 속한 8유형은 문제가 생기면 이기려고 온 방법을 사용한다. 이겨야 산다고 생각한다. 힘을 써야 자기가 살아있다고 느낀다. 돈을 써야 리더라고 생각한다. 그래서 간혹 가족 모임이나 친구 모임에서 나가지 않는 이유는 퇴직 후 돈이 없거나 힘을 쓸 수 없어서이다. 내가 상황을 통제하고 내 마음대로 사람을 휘둘러야 하는데 그렇게 할 수 없으면 나를 위한 모임이라고 할지라도 힘들다.

그래서 행동 중심의 부모가 가장 힘들 때는 퇴직하거나 건강을 잃을 때이다. 머리로는 이 상황을 받아들이지만, 본능적으로 이를 거부한다. 그리고 사람들을 이런 식으로 길들였기 때문에 자신에게 베푸는 호의도 어떤 목적이 있을 수 있다고 생각하고 순수하게 생각하지 못한다.

다른 사람을 힘으로 조정하고 다른 사람이 자기에게 얻을 게 있어야 찾아온다고 생각하는 사람들이 주변에 있다. 이런 사람은 노후가 외롭다. 연약함을 받아들이지 못하기 때문에 누구보다 본인이 가장 어색하고 힘들다.

나이가 든다는 것은 자연스럽게 힘을 빼는 것이다. 아니 힘이 사라지는 것이다. 그것을 인정하지 못하고 여전히 힘이 있는 것처럼 살아간다는 것은 슬픈 일이다. 그리고 주위에 사람이 없다고 하는 것은 사실 본인이 그렇게 사람들을 길들이고 조정했기 때문이다.

내가 아는 지인 중에 여전히 자녀들이 잘 찾아오고 매주 자녀들이 부지런히 인사드리는 집이 있다. 신기해서 물었더니 부모님이 여전히 돈을 가지고 있어 자녀들이 올 때마다 한 사람당 십만 원씩 용돈을 준다는 것이다. 그러니 다 큰 손자도 손녀도 찾아온다는 것이다. 본인도 자기가 자녀들을 그렇게 만들었다는 것을 안다. 그런데 끊을 수 없다는 것이다. 여러분이라면 어떻게 하겠는가? 영원히 소유할 수 있는 돈은 없다. 건강도 사라진다. 권력도 끝이 있다. 그것을 받아들이려면 어떻게 해야 할까?

성경은 돈을 사랑함이 일만 악의 뿌리라고 했다(딤전 6:10).

하나님과 겸하여 재물을 섬길 수 없다(마 6:24)고 했다. 진정한 힘은 힘이 있으나 그 힘을 자기의 뜻을 달성하기 위해 사람을 조정하는 데 사용하는 것이 아니라 다른 사람을 살리는 데 사용해야 한다.

예수님은 완벽한 하나님이자 완벽한 사람으로 이 땅에 오셨다. 그는 힘이 있으나 그 힘을 자기를 위해 사용하시지 않으셨다. 항상 자기와 함께 한 자들을 위해 사용하셨고 십자가를 지신 것도 온 인류의 죄를 대신 짊어지시기 위해서였다. 이것이 8유형이 가야 할 길이고 바라봐야 할 십자가이다. 십자가는 가장 강한 자가 가장 약한 자를 위해 할 수 있는 것이 무엇인지를 보여준다.

그러면 이런 행동 중심의 본능을 사용하는 사람을 어떻게 대해야 할까? 그들은 자기 뜻을 반대하면 못 견딘다. 눈을 크게 뜨고 주먹을 쥐는 듯 보인다. 목소리가 크고 몸이 말하는 사람을 향해 있다. 자기도 모르게 상대를 위협하는 듯한 제스처(gesture)를 보인다.

이런 사람이 자신의 요구를 말하면 우선 그의 말이 맞지 않더라도 알겠다며 들어주어야 한다. 반대하면 크게 응징하고 일을 더 복잡하고 힘들게 만들기 때문에 맞서지 말아야 한다. 그들의 주장이 맞다고 하는 것은 아니라고 하더라도 그들은 어떤 희생이 오더라도 다음 일을 생각하지 않고 직진하는 경향이 있어서 즉시 대응하려고 하지 말아야 한다. 그리고 시간이 지난 뒤 조언이나 충고를 하는 것이 지혜라고 할 수 있겠다.

또한 행동 중심의 사람들에게는 둘러 말하거나 회피하면 안 된다. 무언가 하기로 약속했다면 약속을 하기 전에 충분히 원하는 것이 무엇인지를 조율하고 행동해야 한다. 만약 문제가 생기고 혼자 그 일을 감당할 수 없다면 일이 진행되는 과정들에 대해 진실하게 말하고 도움을 청해야 한다. 일을 그르치는 것보다는 도움을 받아 일을 해결하는 것을 더 좋아한다.

가슴 중심으로 에너지를 사용하는 사람은 문제가 생길 때 외부의 영향을 내면으로 가져와 해결하려고 하는 사람들이다. 2유형은 자기보다 다른 사람을 위해 희생적으로 살아온 사람이다. 그러다 보니 다른 사람에게 베푼 친절과 희생, 호의를 바라며 자기도 모르게 다른 사람을 조종하려고 한다. 주위에서도 이들의 희생과 헌신을 알기 때문에 인정하고 알고 있지만 계속해서 그들을 높여주기란 쉬운 일이 아니다.

하지만 고마운 것을 좀 부족하게 표현하거나 2유형의 수고를 알아주지 못했다면 어마어마하게 화를 내거나 서운함을 표현하는 모습을 볼 수 있다. 이런 태도는 그들이 알든 알지 못하든 순수한 동기에서 비롯된 사랑이 아니지만, 자신의 전부를 주었다고 생각해서다. 실제로 일어난 문제보다 더 크게 느끼는 것은 그 일을 이성적으로 판단하지 않고 가슴으로 느끼기 때문이다.

2유형의 부모가 자녀를 키울 때 처음부터 그런 의도는 없었다고 하더라도 자녀가 자기 뜻대로 하지 않으면 매우 실망하고 힘들어한다. 왜냐하면 2유형 부모는 항상 자기는 없고 자녀만 있었기 때문이다. 모든 것을 자녀를 위해 헌신적으로 살았다.

그래서 2유형의 자녀는 힘들다. 부모가 자기를 위해 어떻게 희생하고 살았는지를 너무도 많이 봐왔고 들어왔기 때문에 부모의 뜻을 저버린다는 것은 자녀에게도 힘든 일이다.

하지만 자녀를 향한 사랑은 자녀를 새장 속에 가두려는 사랑이 아니라 새가 날개를 활짝 펴고 저 멀리 세상을 날아다니게 하려고 하는 것임을 기억해야 한다. 자녀를 위해 희생한 값을 반드시 받아내려고 하기 때문에 이러한 사랑은 진정한 부모의 사랑이라 할 수 없다.

가슴 중심의 다른 유형은 3유형으로 이들은 자기를 표현하는 데 과할 정도로 심하다. 자녀를 위해 열심히 일하고 멋진 부모가 되기 위해 노력하는 이들은 균형을 잃으면 일 중독자들이 되기도 한다. 안타깝게도 자녀들이 원하는 것은 어쩌면 부모와 보내는 시간일 수 있는데 3유형은 가족이 아닌 다른 사람들에게 성공한 이미지를 보여주기 위해 부단히 애쓰며 희생한다.

잘나가는 부모이지만 같이 있어 주는 부모는 아니다. 용돈은 많이 주고 비싼 옷과 학원은 여러 군데 보내지만 직접 요리를 하거나 자녀를 위해 좋은 부모로 평가받지는 못한다. 부모와 자녀는 함께 할 수 있는 시간이 계속 있는 것이 아니다.

어릴 때는 아이들이 부모에게 놀아달라고 한다. 여간 귀찮은 일이 아니고 자녀의 요구를 들어주다 보면 집에서는 아무 일도 할 수 없을 정도다. 하지만 그 시간이 자녀에게는 추억을 선사하고 부모가 자기를 사랑하고 같이 놀아준 시간으로 기억된다. 부모가 헛되게 보낸 시간이라고 여길지 모르는 그 시간을 통해 아이들은 사랑을 공급받는다.

또한 3유형의 부모는 에너지를 이미지로 만드는 데 사용하기 때문에 다른 유형에게 위선적이라는 평가를 받는다. 가정에서는 싸움이 끊이지 않는데 문밖을 열면 예스맨(yes-man), 해피맨(happy-man)처럼 보인다. 이런 모습 때문에 부모와 자녀 사이가 멀어지고 특별히 신앙을 가진 부모가 위선적이라고 자녀들이 느낄 때가 있다.

자녀는 기다려주지 않는다. 사랑한다는 것은 같이 시간을 보내고 한 공간에 머물러 주는 것이다. 공간은 친밀감을 높여주는 도구이다. 공간에서 보낸 시간은 거짓을 말하지 않는다. 만약 자녀가 장성했을 때 부모가 얼마나 성공했고 돈을 많이 가졌는지에 대한 것 외에 할 말이 없다면 불우한 어린 시절을 보냈다고 할 수 있다.

다른 모든 사람의 인정을 받더라도 가족에게 소외당하고 버림받은 CEO들이 얼마나 많은지 모른다. 무릇 교회에서도 충실한 집사는 자녀들과 자기 가정을 잘 다스릴 수 있는 사람이다(딤전 3:12). 하나님은 당신에게 성공할 것을 요구하시지 않으셨다.

머리 중심의 부모는 겉으로 볼 때 가장 평온해 보이는 사람들이다. 문제가 생길 때 행동 중심의 부모처럼 빠르게 처리하는 것처럼 보이지도 않고 가슴 중심의 부모처럼 자녀들이나 배우자의 감정을 받아주거나 표현하지 않는다. 그러다 보니 다른 센터와 달리 오해를 받는다.

하지만 실제로 머리 중심의 부모는 가장 생각을 많이 하고 그래서 머리가 복잡하고 힘든 사람들이다. 지금 이 문제를 해결하기 위해 겉으로 표현하지 못할 뿐 많은 시간을 고민하고 계획을 세우는데 머리가 아파 약을 먹어야 할 지경까지 생각을 많이 하는 사람들이다.

또한 머리 중심인 5유형 부모는 제대로 된 정보가 있지 않으면 움직이지 않고 시간을 주면 문제를 해결할 수 있는 능력이 충분하다. 이들은 여러 가지 경우의 수를 다 고려할 만큼 아이디어가 많고 지식을 갖추고 있다. 그런데 아쉽게도 상황은 이들을 기다려주지 않고 때로는 머리가 아닌 몸으로, 마음으로 표현해야 하는 것이 다른 무엇보다 더 효율적일 수 있다는 것을 알아야 한다.

8. 왜 크리스천 부모는 에니어그램을 공부해야 하는 걸까요?

에니어그램은 인간의 영(spirit)과 의식(consciousness)을 건널 수 있는 다리 역할을 한다. 인간의 의식은 내버려 두면 너무도 자연스럽게 인간을 파괴하는 방식으로 발달한다. 이것이 인간이 의식을 계발해야 하는 이유이다.

인간은 자기의 방식을 익숙하고 편안하게 생각하기에 문제의식을 느끼지 못한다. 인간이 만든 성격은 세상에서 적응하거나 살아남기 위해 만든 가면과 같은 것이라 할 수 있다. 가면은 보이는 것, 드러난 것이다. 진짜 내 얼굴이 아니다.

그런데 인간의 의식에 상당한 영향을 미치는 무의식보다 더 강력하고 깊은 상위개념은 영이다. 인간이 변하고자 한다면 의식이 아닌 의식보다 더 깊은 영으로 다가가야 한다.

인간의 의식 중에 무의식이 인간의 의식보다 상위개념이라고 한다면, 인간의 무의식, 의식, 그 위에 인간의 영이 있다고 할 수 있다. 이 영으로 말미암아 인간은 자기를 만든 창조주를 찾고 자기의 의식 밖에 있는 무언가를 향하여 동경하는 마음이 있다. 그래서 많은 사람이 하나님이 아닌 다른 존재를 찾고 있는데 이러한 시도는 인간이 영을 가지고 있다는 것을 증명한다.

먼저 인간의 의식과 관련해서 프로이드를 이해하고 넘어가는 것이 필요하다. 프로이드는 인간이 설명할 수 없는 무의식의 깊은 세계가 있음을 밝혔다. 그에 따르면 인간의 성격에 영향을 미치는 것은 이드(id), 에고(ego), 슈퍼 에고(super ego)이다.

이드는 인간의 무의식 저변에 있는 것으로 본능에 충실하고, 슈퍼 에고는 사회적으로 규범화된 질서, 문화, 양심과 같은 것이다. 이 둘 사이에 에고가 있다. 에고는 이드가 본능적으로 행하려는 것과 슈퍼 에고가 그것을 저지하는 둘 사이에서 중재 역할을 한다.

프로이드의 관점에 따르면 인간의 의식이 성장한다는 것은 인간의 무의식 영역을 넓히고 밝히는 것이다. 마치 밭에서 고구마를 심고 몇 개가 길러 나올지 모르는 것과 같지만 고구마를 만질 때 한두 개가 아니라는 것을 아는 깊고 넓은 무의식의 영역을 계발해야 한다.

여기서 인간의 성격은 무의식의 영향을 받아 의식으로 드러난다. 이것이 프로이드의 공헌이다. 인간이 겉으로 보이는 것들은 전부가 아니라 인간이 자라고 성장한 배경을 통해 무의식에서 건져 올리는 것을 알아야 하고 상담 등을 통해 얻게 되는 유익이라 할 수 있다. 그런데 이렇게 인간의 의식이 성장한다고 하더라도 그 토양을 바꿀 수 없다.

이솝우화에 나오는 전갈과 개구리 이야기는 인간의 본능, 토양을 바꿀 수 없음을 말해주고 있다.

 어느 날 전갈이 강을 건너야 할 일이 생겼다. 하지만 전갈은 수영을 할 수 없기에 강을 건널 수 없었다. 그때 개구리가 폴짝폴짝 전갈 옆을 뛰어 지나가고 있었다. 전갈은 개구리에게 자기를 등에 업고 개울을 건너게 해달라고 부탁했다. 그러자 개구리는 전갈에게 안 된다고 했다. 자기를 쏠까 봐 겁이 난다고 했다. 개구리의 말을 들은 전갈은 그럴 일은 절대로 없을 거라고 하면서 자기가 개구리를 쏘면 자기도 물에 빠져 죽을 텐데 그럴 일을 하겠냐며 설득했다. 개구리는 전갈의 말을 들으니 일리가 있는 듯했다. 그래서 전갈을 믿고 펄쩍펄쩍 강을 건너고 있었다. 그런데 조금 강을 가다 보니 전갈이 개구리를 쐈다. 개구리는 전갈이 자기를 속였다고 어떻게 이럴 수 있냐고 화를 냈다. 그러자 전갈이 말했다. "어쩌겠니. 이게 나의 본능인 걸."

 전갈은 개구리를 속이려고 한 것은 아니었다. 다만 자기의 본능을 알기만 했을 뿐, 통제할 수 있다고 생각한 것이 문제였다. 공부하고 노력하고 매일 변하고자 해도 안 되는 이유가 바로 여기에 있다. 목적은 좋고 동기는 훌륭하나 결과적으로는 자기의 본능에서 벗어날 수 없다. 전갈처럼 말이다.

 인간이 가진 근본적인 토양은 자기 노력을 멈출 수 없고 자기를 벗어나 생각할 수 없다. 고작 생각해야 나를 둘러싸고 있는 가족이고, 내 주위의 사람들이다. 하지만 자기중심적인 삶을 사는 사람은 그 사람이 가진 영향력이 어느 만큼이든 부와 권력이 가지고 있는 그만큼의 한계와 일시적일 뿐이다. 사라지면 멈춘다. 자기중심적인 삶을 살았기 때문에 남는 것이 없는 인생이다.

그러나 성경은 자기 가족을 돌보는 것으로는 칭찬하지 않는다. "누구든지 자기 친족 특히 자기 가족을 돌보지 아니하면 믿음을 배반한 자요 불신자보다 더 악한 자니라" (딤전 5:8)

가족을 돌보는 것, 연락하고 챙기는 일도 겨우 하는 우리의 현실에서 이 말은 부담스러울지 모른다. 하지만 인간이 자기 가족을 돌보지 않고 차라리 나에 대해 아예 모르는 다른 사람을 돌보는 것으로 대신 봉사하고 돌본 체하는 것에 성경은 엄격히 말하고 있다. 인간은 자기중심성에서 벗어날 수 없을 뿐 아니라 자기가 속한 경계(boundary)를 벗어나려고 해서는 안 된다.

많은 사람이 인간의 의식의 수준을 높이려고 여러 가지 시도를 하고 있다. 하지만 기독교와 다른 학문, 타 종교가 뚜렷하게 차이가 있다면 그것은 인간의 한계를 인정하느냐 하지 않느냐의 차이이다.

내가 '할 수 있다'를 외치는 것은 내가 주도권을 가지는 것이다. 내가 변하고자 하는 의지를 가지고 내가 할 수 있다는 것을 시도하는 것은 필요하다. 하지만 그럼에도 불구하고 근본적으로 인간이 가진 한계를 인정하지 않는다면 더 깊은 나락으로 떨어질 수 있다.

인간이 노력으로 도달할 수 있다고 하는 것은 자기기만이다. 물론 인간의 노력을 무시하는 것이 아니다. 다만 한계가 있다는 것을 알고, 살아야 한다. 쉽게 우리 인간은 작은 습관 하나도 바꾸려면 큰 노력을 해야 겨우 바꿀 수 있다.

또한 인간의 자기 한계는 자기에 대한 관심에서 크게 벗어나기가 어렵다. 물론 마틴 루터 킹, 테라사 수녀, 간디, 넬슨 만델라, 아브라함 링컨 등이 보여준 삶과 업적은 자기를 위한 것이라 할 수 없다는 것을 안다. 그렇다고 하더라도 전 지구적인 영향력이라기보다는 자기가 관심을 두고 해결해야 할 한 영역이었다는 점을 기억할 필요가 있다. 이들의 삶을 축소하려는 것이 아니라 인간의 자기 노력의 불완전성을 설명하려고 하는 것이다.

인간은 자기에 관한 관심을 벗어나 다른 사람을 위해 사는 삶을 산다고 할지라도 왜 그 사람인지, 그리고 왜 그 나라이고 지역이어야 하냐는 질문을 하게 될 때 자기와 무관하다고 할 수 없다.

이처럼 인간의 한계가 자기중심성(Ego-centricity)을 벗어나지 못하는 것이라고 한다면 여기서 분명히 알고 지나가야 하는 것은 이것은 인간이 다른 어떤 노력과 학문적 배움을 실천한다고 한들 자기 한계에서 벗어날 수 없다는 말이다. 아쉽지만 인간은 자기 노력으로 이미 충분히 습관화된 삶의 방식에서 돌아갈 수 없다.

하지만 인간의 의식이 성장한다는 것은 자기중심적인 사람이 타자 중심적(Exo-Centricity)으로 발전한다는 것을 의미한다.

우리가 성자라고 하는 사람들을 생각하면 그들을 통해 우리가 사는 세상은 좀 더 아름다워질 수 있었다. 그러나 지금까지 이야기한 것에 따르면 인간 자체가 가지고 있는 본질적인 한계가 있다는 것에 대해 말했다. 그렇다면 인간이 가진 한계를 알고 그럼에도 불구하고 변화되기 위해서는 어떤 노력을 기울여야 한다는 말인가? 이것에 대한 물음이 이 장(chapter)의 핵심이다.

인간의 영은 무의식보다 훨씬 깊다. 살리는 것은 영이다(요6:63). 그리고 인간의 영은 하나님의 영의 아래에 있다. 줄을 세워본다면, 하나님의 영-인간의 영-인간의 무의식-인간의 의식으로 세울 수 있다. 인간이 의식적 노력을 기울인다고 할 때 일반적으로 다루는 것은 에고(의식)가 자기(self)를 찾아가는 것이다.

사람들이 만들고 사회가 원하는 내가 아니라 진짜 나다움을 찾아가는 것이 자기를 찾는 길이다. 그러나 더 큰 변화는 자기(self)가 더 큰 자기(The Self)를 만나 변화하는 것이다. 여기서 더 큰 자기(The Self)는 창조주 하나님으로 인간을 만드셨고 인간을 아시고 인간을 이해하는 분을 뜻한다.

하나님은 우리가 작은 변형으로 만족하며 살지 말고 하나님으로 인해 진정한 변화(transformation self)를 경험하기를 원하신다. 이것이 우리가 나아갈 방향이다.

에니어그램은 일반학문에서도 많이 다루고 있고 심지어 다른 종교에서도 말하고 있다. 그러나 인간을 창조하시고 우리를 향해 너는 내 것이라고 선언하시는 분이 있으니 그분이 하나님이시다(시 2:7). 인간의 의식은 인간의 자아가 노력하는 부분이고 인간의 영은 인간이 노력해서 개방되고 계발할 수 있는 영역이 아니다. 그러므로 인간이 성장하고자 한다면, 좀 더 쉽게 말하자면 좀 더 나은 부모가 되기 위해서는 하나님께로 나아가야 한다. 이것이 인간 영의 발전을 위해 인간이 해야 할 일이다.

인간의 영은 하나님의 영과 교제(communication)를 통해 발전한다. 그 자리는 하나님께서 인간을 창조하셨고 부르셨고 구원하셨고 다시 오실 예수님을 만나기까지 변화시켜 가는 과정이다. 따라서 인간의 영이 발달하면 그 아래에 속한 인간의 무의식의 전체 영역과 거기에 따른 인간의 의식이 변화될 수 있다. 그래서 순서가 있다면 인간의 영의 발달이 우선이다. 그것이 먼저 해결돼야 인간의 삶 전체에 두루 영향을 미친다.

Part 2.

부모의 성격을 이해하는 9가지 렌즈

I. 에니어그램의 성격유형과 내면의 목소리

에니어그램(Enneagram)은 두 개의 단어가 합성되어 만들어진 단어이다. 희랍어에서 9를 뜻하는 에니어(ennear)와 점, 선, 도형을 뜻하는 그라모스(grammos)가 합쳐졌다. 그래서 현대 에니어그램에는 원, 점, 선이 연결되어 하나의 그림으로 표현되어 있다.

한국에니어그램협회의 정의에 따르면 에니어그램에 있는 원은 일체성을, 점은 아홉 개의 서로 다른 다양한 삶의 행동 방식을, 선은 에너지의 연결을 의미한다.

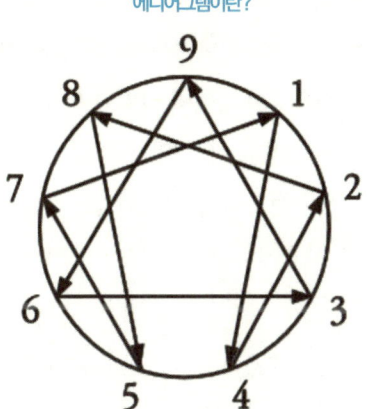

에니어그램이란?

Part 2. 부모의 성격을 이해하는 9가지 렌즈

아홉 개의 점은 각자 바라보는 위치가 다르다. 어쩌면 거기서부터 시작해서 우리는 평생 길을 찾는 여정을 보내고 있는 듯하다. 하나같이 출발점에서 시작해서 어떻게든 되도록 멀리 도망가고 싶은 충동은 사춘기 아이들만의 얘기가 아니다. 집을 벗어나 어떻게든 내 힘으로 살아내려고 하는 자기 열심이고 화려한 인생 계획이다.

누가복음 15장에 등장한 탕자처럼 집이 아닌 무언가가 있을 것 같다는 생각에 부지런히 길을 찾는다. 하지만 뜻한 바를 이루지 못하고 어쩌면 바닥이라고, 다 읽었다고 하는 그 때에 탕자의 삶이 그러했던 것처럼 모든 것이 연결되는 선처럼 이어진다.

아버지로부터 떠나 길을 잃고 헤매다가 원점도 아닌 절망의 바닥은 필요 없는 순간이 아닌 선처럼 내 삶에 있어야 할 여정이다. 그렇게 죽음과 같은 길에서 절망을 맛보고 비로소 집으로 가고자 한다. 탕자의 모델은 인간의 일생을 보여준다.

점과 같은 인생이 선으로 개인의 역사를 쓰다가 비로소 아버지께로 돌아가고 싶은 원과 같은 이끌림, 수용됨, 포용된다. 원은 상석도, 말석도 없고 편안한 자리이다. 방황하고 절망으로 아들 됨을 잊어버리면 이 이야기는 성경에 기록될 이유가 없다. 이 비유는 탕자가 아닌 그 길의 끝에 하나님 아버지가 계시다는 것을 알려주기 위해 있다. 탕자의 귀향 끝에 처음부터 계신 아버지가 그대로 계시다. 마찬가지로 부모인 우리는 아버지의 아버지 되시는 하나님을 만남으로 다시 선으로 점으로, 원으로 살아가야 한다.

에니어그램의 9개의 점은 인간의 성격과 심리를 이해하는 렌즈(lens)이고 내가 지금까지 어떻게 살아왔는지를 설명하는 방식이다. 9가지 렌즈는 내가 지금껏 생존하기 위해 사용한 가면을 보여주고 그리고 앞으로 어떻게 살아야 할지에 대한 삶의 방향을 제시한다. 우리에게는 저마다의 가면이 있다. 남들에게 보여주기 싫을 때 우리는 가면을 쓴다. 어릴 적 이야기, 가정 이야기, 회사 이야기를 하지 않는다면 그 동기에는 아픔이 있다. 그래서 가면을 쓴다.

하지만 창조주의 빛을 비춰 에니어그램을 이해하면 9가지의 가짜 가면을 벗어버리고 하나님께로 나아갈 길을 발견하게 해주기에 영적 성장의 도구이고 지혜라 할 수 있다.

에니어그램은 사람을 9가지 성격으로 이해한다. 사람마다 9가지 성격이 있다고 하니, 적어도 나와 비슷한 유형의 사람이 한 명은 존재한다는 말이다. 그러니 아무도 나를 이해하지 못한다고 슬퍼하지 말아야겠다. 반대로 나와 다른 사람이 더 많다는 점에서 사람 공부는 계속해야 한다.

세상에 이렇게 다양한 사람이 있고 그 사람들은 저마다의 동기와 이유, 살아온 환경이 다르다. 이들의 차이를 통해 우리는 세상을 더 풍성하게 바라볼 수 있다. 9가지 렌즈는 세상을 보는 방식일 뿐 아니라 세상을 이해할 수 있는 통로이다. 이런 의미에서 내가 그동안 고수하고 보호하려고 했던 진짜 동기가 무엇인지를 끊임없이 잠재의식에 꺼내야 하는 번거로움이 필요하다.

에니어그램의 9가지 성격유형을 본격적으로 설명하기 전에, 그들을 부르는 각 유형의 이름부터 살펴보고자 한다.

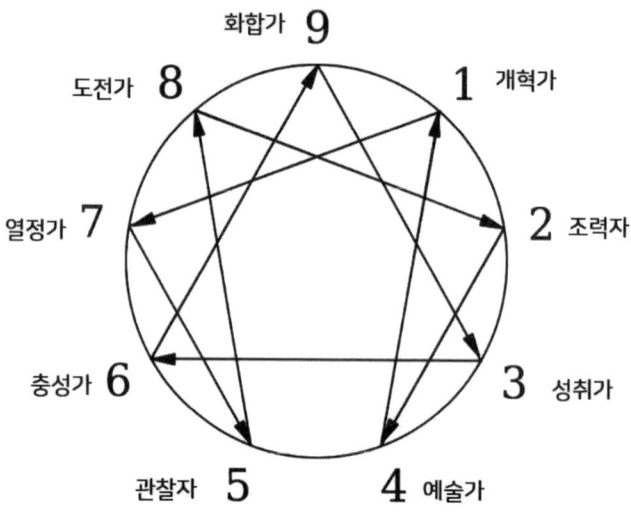

8유형은 도전가라 부른다. 도전은 좋은 의미에서는 새로움에 대한 개척, 두려워하지 않음, 보호와 강인함이고 부정적인 의미로는 일과 사람, 환경에 대해 지배하려고 하고 자기의 영역에 있는 일, 사람, 물질에 대해서는 타협이나 물러서지 않는 태도라 할 수 있다.

9유형은 화합가로 사람들의 관계를 부드럽게 만들고 느긋하고 여유롭다. 갈등이 있을 때 다른 사람의 입장에서 이해하고 수용하려고 한다.

1유형은 개혁가로 옳고 그름에 대한 분명한 자기 신념을 가지고 있고 바름과 완벽을 추구하기 때문에 책임감이 크다.

2유형은 조력자로 다른 사람을 잘 돕고 돌보는 일을 좋아한다. 사람들의 필요를 채워주고 희생적이다.

3유형은 성취자로 일을 하는데 솔선수범하며 목표지향적인 태도를 보이고 완수하는데 최적화되어 있다. 그래서 성공한 사람들이 많고 효율적으로 일하는 사람들이다.

4유형은 예술가로 자신만의 고유한 정체성을 탐구하고 감성적이고 사람들과 함께하는 시간보다 상상하고 자기가 중요하다고 생각하는 일에 몰두하는 것을 좋아한다.

5유형은 관찰자로 정보와 지식을 통해 알고자 하는 것이 많고 책 읽기를 무척 좋아한다.

6유형은 충성가로 안전과 보호에 대한 욕구가 커서 책임감이 강하다는 평가를 받는다.

7유형은 열정가로 활기차고 항상 주위에 사람들이 많이 있고 인기가 많은 편이다. 새로운 것을 배우는 것을 좋아하고 경험하고자 한다.

■ 내면의 목소리

자기에게 주는 메시지를 내면의 목소리(inner voice)라고 한다. 내면의 목소리는 내가 나에게 하는 메시지이지만 실제로 내가 그렇게 말하거나 생각한 것이 아니라 그냥 그렇게 생각되는 것이다. 이 점이 매우 중요하다. 생각하는 것이 아니라 생각나는 것이라 막을 수 없고 생각나는 것이기 때문에 분별하지 않으면 그것에 조종을 받아 살게 된다.

내면의 목소리는 말로 드러나는 것이 아니라 내면 깊은 곳에 자리 잡은 것으로 그 메시지에 따라 자기가 누구인지, 그리고 어떻게 살아야 할지를 결정하는데 매우 큰 작용을 한다. 어떨 때는 칭찬하는 것처럼 보이지만 결코 만족하지 못하는 모습으로 비관하게 만들기도 하고, 실패할 때 지적하고 불안하게 만드는 부정적인 메시지가 되기도 한다. 그래서 내면의 목소리는 나에게 유익을 준다고 생각하지만 그렇지 않다.

그런데 내면의 목소리는 지금까지 살아오면서 갖게 된 삶의 성장배경에서 만들어진 것이기 때문에 사람마다 다르다. 각자의 내면에서 듣는 메시지가 있다는 말이다. 그러므로 내면의 목소리는 나를 위한 바른 토대가 될 수 없다. 그것은 내 안에서 생겨난 거짓 메시지다. 어른이 되어도 이 메시지는 계속 남아 달음질하게 만들기도 하고 낙담하여 포기하게도 만든다. 때때로 성도들은 내면의 목소리가 주님의 음성인 줄 착각하고 잘못된 메시지에 열중한 채 살아가기도 한다.

에니어그램의 9가지 렌즈로 내면의 목소리를 살펴보면 내가 그동안 누구에게도 말하지 않은 솔직한 내면의 상태를 읽을 수 있고 내면의 소리를 가지고 어떤 삶을 살았는지 발견할 수 있다.

8유형의 내면의 목소리는 나는 강한 사람이다. 자기를 강한 사람으로 정의하기 때문에 강하지 않은 자신을 보면 힘이 든다. 자기가 통제하지 않고 통제당하는 것은 있을 수 없는 일이라고 생각한다. 물론 자기보다 더 강한 사람 앞에서는 기막히게 자신의 뜻을 굽힐 수 있다.

9유형의 내면의 목소리는 나는 평화로운 사람이다. 진짜 평화로워서 평화를 외치는 것이 아니라 사람들 사이에서 일어나는 갈등이나 문제가 없다고 생각한다. 그들은 문제를 회피하고 종종 상상속으로 들어가 가장 좋았던 때를 생각한다. 곧 자기의 평화를 지키기 위해서이다.

1유형의 내면의 목소리는 나는 옳은 사람이다. 나는 바른 것에 가치를 두고 원칙을 중요하게 생각하기 때문에 누가 보던 보지 않든지 원칙을 지켜야 한다고 생각한다. 그러다 보니 자기도 모르게 화가 있고 다른 사람에게 쉽게 칭찬하거나 만족하지 못한다.

2유형의 내면의 목소리는 나는 돌보는 사람이다. 내가 살아있는 이유는 다른 사람을 도와주기 위해서이다. 그런데 문제는 상대에게 물어보지 않고 원하지 않는데 내가 도와주려 할 때 문제가 생긴다. 상대를 건강하게 도와주는 것은 힘을 상대에게 실어주는 것이다. 그러나 나의 도움을 고마워하지 않거나 나의 돌봄을 거절하게 되는 것은 있을 수 없는 일이고 세상에서 내가 존재할 이유가 없다고까지 잘못 생각하게 만든다.

3유형의 내면의 목소리는 나는 성공한 사람이다. 성공한 모습이 없이는 다른 사람들 앞에 나 설수 없다. 사람들은 나의 진짜 모습을 보면 실망하고 심지어 나를 떠날 것이라고 생각하기 때문에 자신을 포장하거나 정말 세상으로부터 인정받은 성공한 사람이 되려고 무진장 노력하는 사람이다. 이들은 오직 성공해서야 고향에 가고 동창회에 나갈 수 있다고 생각한다.

4유형의 내면의 목소리는 나는 특별한 사람이다. 내가 특별하다는 것은 남들과 다른 점이 있다고 자기가 생각하는 것이다. 그것을 상대방이 알아줄 때 만족하고 자신의 가치를 남들과의 비교에 두기 때문에 자기는 고유하고 남들은 그렇지 않다고 생각하는 경향이 있다. 그래서 관계나 팀플레이 작업 등의 사회생활에 어려움을 겪을 수 있다.

5유형의 내면의 목소리는 나는 똑똑한 사람이다. 똑똑한 사람을 제일 좋아하고 자기도 그런 사람이 되려고 책을 많이 읽는다. 정보와 지식을 통해 자기가 관심 있는 분야를 채우려고 노력하고 자기가 그것들을 소화할 수 있을 때 선택할 만큼 신중하다.

6유형의 내면의 목소리는 나는 믿을만한 사람이다. 나는 믿을 수 있는 사람을 필요로 하므로 내가 믿을만한 사람은 나밖에 없다. 안전과 보호에 대한 욕구가 다른 어떤 유형보다 강하기 때문에 자기가 속한 집단이나 영역에 충성하고 고수하려고 한다.

7유형의 내면의 목소리는 나는 행복한 사람이다. 나의 행복은 자유에서 비롯된다. 자유로워서 구속받는 것이 싫고 아이디어가 많다. 행복하기 위해 다양하게 선택하고 새로운 호기심을 채울 수 있을 만한 경험을 좇는다.

2. 강인한 부모 8유형

 8유형 부모는 자기를 강하다고 생각한다. 자기가 살아 있다는 것을 느낄 때는 일을 추진할 때, 일하고 있을 때, 무언가 행동할 때, 자신의 뜻에 따라 사람들이 움직일 때 좋게 여긴다. 내가 강하다는 이미지를 추구하고 있기 때문에 상대방에게 요구할 때도 당당하고 강해 보인다. 마치 무언가를 받을 것이 있는 사람처럼 상대로 하여금 느끼게 한다.

 반대로 자녀나 배우자가 강한 사람이 아니라 나약하게 보이거나 약한 태도를 보이면 그것을 못 견딘다. 왜냐하면 약한 모습은 힘이 없는 모습이고 그것은 8유형이 추구하는 것과 정반대라고 생각하기 때문이다.

 그래서 8유형의 부모는 가족들에게 항상 자기의 요구나 바람을 표현하고 상대방이 그렇게 해야 한다고 밀어붙인다. 감정을 잘 이해하지 못하고 자기가 원하는 대로 밀어붙이기 때문에 대화를 할 때도 싸우는 것 같다. 대화를 통해 의견을 나누는 것이 아니라 대화도 하나의 전쟁과 같다.

 이런 모습으로 8유형의 부모와 함께 살아가는 가족들은 힘들어한다. 8유형이 말하면 바로 지금 움직여야 한다. 그렇지 않으면 게으르다는 비난을 듣거나 일을 하지 않는다고 핀잔을 들 수 있다.

그러나 강한 부모의 뜻에 따르는 일은 쉬운 일이 아니다. 기회를 준다고 하지만 8유형은 조급하고 자기 뜻대로 관철하고자 하는 의지가 매우 강하기 때문에 자녀에게 충분한 시간을 제공하거나 이해하지 못한다.

특히 8유형은 행동 중심으로 에너지를 사용하고 있기 때문에, 머리나 가슴 중심의 자녀를 이해할 수 없다. 상당히 의식적으로 노력을 기울이지 않으면 8유형 부모는 혼자 추진하고 자녀나 배우자가 따라주지 않는다고 호통을 치고 화를 내기 쉽다.

그래서 비유하자면 8유형 부모는 불(fire)과 같다. 불은 가까이에서 몸을 따뜻하게 데우고 보호하는 역할을 하지만 조금만 방심하면 모든 것을 태워버릴 수 있을 만큼 강렬하다. 그래서 불과 같은 부모인 8유형과 함께 살아가는 자녀나 배우자는 항상 조심하고 또 살피게 된다.

그런데 문제는 가족들이 상처를 받는다는 점에 있다. 심하게 말하면 대화가 안 된다. 8유형인 나는 상대방에게 말할 수 있지만, 상대방은 나에게 말할 수 없다고 생각한다. 왜냐하면 내가 힘이 있고 나는 그렇게 해도 된다고 생각하기 때문이다.

그런데 가만히 자기를 살펴보면, 이렇게 누군가의 말을 잘 듣지 못하고 차분하게 대화를 하지 못하는 이유는 성격이 급해서도 아니고 이기적인 사람이라서도 아니다. 마음의 내적 동기에 거절에 대한 두려움이 있어서다. 거절당할 수 있다는 것을 머리로는 알지만, 그것을 받아들이는 것이 너무 어려우므로 먼저 거절당하지 않으려고 애쓰는 것이다. 그래서 힘을 써서 내 말대로 관철하려고 하는 것이다.

8유형은 에너지를 밖을 향해 뿜고 있어서 상대방에게 결국 힘을 쓰는 것이라고 할 수 있다. 한마디로 뒤끝 없는 사람이라고 자신들을 소개하지만 화가 나면 주저 없이 말하는 태도로 사람들은 8유형과 싸우려고 하지 않는다. 그들은 분노나 공격, 대응하는 것을 두려워하지 않는다.

또한 8유형의 부모는 자녀나 배우자를 지켜주고 보살핀다는 책임감을 느끼고 있기 때문에 상당히 부지런하고 열심히 일한다. 하지만 기브 앤 테이크(give & take)식으로 생각하는 경향이 있다.

예컨대, 나의 보호를 받으려면 너는 내 말을 들어야 한다는 식이다. 상대방을 지배하고 통제하려고 하는 형태는 사람을 상대로 말을 심하게 하거나 상대방에게 아무렇지 않게 모욕을 주는 발언이나 무시를 하고 심지어 죄책감을 느끼지도 않는다.

8유형의 부모는 자기도 모르게 상대방을 주눅 들게 할 수 있다는 것을 알고 주의해야 한다. 자녀와 대화를 잘하기 위해서는 자녀가 내 뜻대로 할 수 있는 만만한 존재가 아니라 한 사람의 인격을 가진 존재라는 것을 항상 기억하고 있어야 한다.

그렇지 않으면 자신의 분노를 폭발하고 해소하는 대상으로 반복적인 폭력에 노출할 수 있고, 자신의 주장을 굽히지 않기 때문에 자녀들은 성인이 되고 부모를 다시 보지 않을 수 있다.

그만큼 8유형의 부모는 자녀를 위해 큰 그림을 그리고 잘 지도해주려고 하지만 부모의 좋은 마음과 다르게 그것을 받아들이는 자녀는 부모의 마음보다 전해지는 메시지로 인해 상처를 입을 수 있다는 점을 기억해야 한다.

따라서 내 본래의 마음이 어떠한지를 전할 때 상대방이 거절할 수 있다는 것을 유념하고 선택의 기회를 자녀에게 전적으로 위임할 수 있는 훈련이 필요하다.

기억하라! 거절은 그 하나에 관한 것일 뿐, 당신 존재에 대한 거절이 아니다. 그러므로 상대방에게 거절당할까 봐 두려운 나머지 소리 지르지 말아라!

하나님께서는 인간에게 에덴동산을 주셨을 때 그에게 금한 것은 단 한 가지, 선악을 알게 하는 나무의 열매만을 먹지 말라고 하셨다. 그리고 다른 모든 것은 허용하셨다. 하나님께서 인간에게 선택할 수 있게 기회를 주셨고 금하는 것은 단 하나였음을 기억한다고 한다면 자녀를 키우면서 선택권을 준다는 것은 울타리를 넓게 주고 자녀가 그 넓은 울타리 안에서 마음껏 살아갈 수 있도록 힘을 부여하는 것이어야 한다. 이것이 강한 자, 힘 있는 자의 여유이다.

에니어그램은 힘이 자기에게 있다는 것을 알고 통제하고 관리해야 할 주인공도 바로 당신 자신이라는 것을 알려준다. 생각해보자. 누가 나에게 아픈 말, 내가 싫어하는 말을 할 수 있겠는가. 이것을 즐기지 말고 화가 나거나 누군가와 대화할 때 신호등의 원리를 생각하자.

빨강 신호등을 머릿속에 그려보자. Stop! 멈춰라. 당신의 생각을 멈추고, 다음 해야 할 말을 하지 말고 멈춰라. 그리고 상대방의 이야기를 끝까지 들어보자. 중간에 멈추고 내 이야기를 하지 말자.

Breathe! 호흡하라. 노랑 신호등으로 바뀌었다. 멈추고, 호흡하라. 그러면 영감(Respiration) 있는 사람이 될 것이다. 자기에게 있는 어마어마한 힘을 올바르게 사용하지 않으면 8유형은 삼손처럼 될 수 있다.

하나님은 삼손에게 힘을 주셨고 또 힘을 거두어가실 수 있으시다. 삼손이 자기의 힘을 올바르게 사용하지 못하게 되었을 때 그는 두 눈이 뽑힌 채 구리 사슬에 묶여 있었다(삿 16:21). 이렇게 힘을 가진 사람도 없었고 이렇게까지 밑바닥까지 내려가기도 싫지 않다. 우리에게 무엇에 대해 말해주고 있는 것인가.

아무리 강력한 힘을 가지고 있다고 하더라도 누군가의 돌봄과 도움이 필요하다. 삼손은 외로운 사람이었다. 삼손의 주위에는 사람이 없다. 외로운 남자는 자기가 기댈 사람을 찾아다닌다. 힘이 있다고 스스로 생각하고 실제로 힘이 있는 사람에게는 주변에 사람이 없다.

안타깝게도 사람들은 강한 것을 부담스럽게 생각한다. 아무 것도 아닌 일에조차 힘을 빼지 않는 모습에 자녀들은 지친다. 무엇을 먹는지, 입는지, 사사건건 간섭하는 것은 쓸데없는 일에 힘을 사용하는 것이다.

내버려 둬라. 그냥 두고 망가뜨리지 말라.

도리어 그렇게 하지 못하는 자신을 발견하고
타인이 아닌 자기에게 온전히 힘을 써라.

그리고 생각해보라. 왜 나는 저 사람을 내 구미에 맞게 바꾸려고 하는 것일까? 왜 나는 저 사람이 못마땅하다고 생각하는 것일까? 그런 내 생각과 관점을 바꾸는 데 힘을 써야 한다. 오히려 말하고 싶은데 말하지 않는 침묵이 굉장히 어려울 것이다. 지적하지 않고 화내지 말하지 않는 것이 더 불편할 것이다.

이 불편하고 어색한 것을 하라는 것이다. 그래야 당신의 마음을 가족들이 알 수 있다.

강한 남자 삼손과 온유를 쓰기에는 적합하지 않게 보인다. 온유는 힘이 없는 것이 아니라 힘을 바르게 사용할 때 사용하는 말이다. 온유는 누군가의 비위를 맞추고 자기의 정신을 내려놓고 바보처럼 있는 것이 아니다.

온유는 힘이 있지만, 그 힘을 바르게 사용하는 것이다. 그런데 바르게 사용하는 기준은 무엇이 될까? 말을 탈 때 말의 주인은 고삐를 채운다. 그리고 그 고삐의 줄을 이용해 말의 힘을 이리로, 저리로 사용한다.

달리 말해 진정한 힘은 자기가 마음대로 사용하는 것이 아니라 주인이 원하는 대로 사용하는 것이 힘이다.

삼손은 힘의 경계가 없었다. 충동적이고 정욕적으로 자기가 하고 싶은 대로 힘을 쓰며 살았다. 우리 주위에도 이런 사람이 얼마나 많은지 모른다. 자녀가 어릴수록 부모는 힘을 쓴다. 그러나 자녀가 장성하면 부모도 그 힘을 조절할 수 있어야 한다.

삼손의 실패를 통해 우리는 자기중심적으로 힘을 사용하는 사람의 고집과 대립적인 방식을 볼 수 있다. 우리도 삼손과 같은 강함이 있고 자신의 뜻에 따르지 않으면 모든 것을 파괴하고 난폭하게 다루고자 하는 죄성이 있다. 이런 부모와 함께 있으면 그토록 지키고자 했던 모든 것들이 한꺼번에 무너질 수 있다.

그래서 8유형의 부모는 그 강함을 날마다 더 강하신 하나님 앞에 내려놓는 연습을 해야 한다. 나보다 더 강한 분, 강하고 능하신 여호와의 권위를 인정하는 것에 대해 배워야 한다(시24:8). 그분은 진정으로 나보다 더 강한 분이다. 하나님의 권위를 인정해야 한다.

그것이 힘을 바르게 사용하는 방법이다. 하나님의 뜻대로 자기의 삶을, 자기가 가진 힘을 사용하는 것이다. 하나님의 권위를 인정하는 사람은 순종하는 사람이다. 내가 힘의 주인이 되어 나를 위해 힘을 쓰는 것이 아니라 하나님이 사용하시는 말이 되는 것이다. 말에 고삐가 끼어 있듯이 말씀으로 인도함을 받는 부모는 그 힘 때문에 어려움을 당하지 않는다.

또한 8유형의 부모에게도 아버지가 필요하다. 비록 부모가 어떠한 사정과 형편으로 당신을 잘 돌봐주지 못했다고 하더라도, 그래서 그것이 자신을 스스로 지켜야 할 방패를 만들었다고 하더라도, 당신에게도 하나님은 아버지가 되시고, 당신에게도 하나님 아버지가 필요하다.

하나님은 말씀하신다.
"그렇게 힘쓰며, 악쓰며 살지 않아도 된단다!"

시편 103편 13절에서 말씀하신다. "아버지가 자식을 긍휼히 여김같이 여호와께서는 자기를 경외하는 자를 긍휼히 여기시나니"

자기의 연약함을 의식적으로 생각하라. 가족들의 감정을 무시하거나 거부하거나 회피하지 말고 직면하고, 그때 내게 올라오는 감정을 인정하고 받아들여야 한다. 사람은 머리도, 가슴도, 행동도 모두 필요하다.

3. 편안한 부모 9유형

9유형 부모는 느긋하고 여유로워 보인다. 마치 이들을 보면 멋진 한강 경치가 보이는 곳에서 안락한 의자에 기대어 차를 마시며 재즈를 듣는 느낌이라고 할까. 그런데 이들이 느끼고 생각하는 것과 달리 현실은 평화롭고 갈등이 없는 평온한 상태가 아니다. 자신이 그렇다고 생각한다는 것이 문제다.

마치 최근 개봉한 "살아있다"라는 좀비 영화의 한 장면처럼 보인다. 주인공이 사는 아파트 전체에 바이러스가 퍼진 상황이다. 대문만 열면 돌아다니는 좀비들에게 순식간에 물려 죽을 수밖에 없다. 이런 전쟁터와 같고 끊임없는 문제를 안고 살아가는 상황에서 나는 아무 일 없다는 듯이 살아간다면 그게 정말 이상한 일이다.

우리 주변에 이런 사람이 있다면 둘 중의 하나로 생각할 듯하다. 이 사람이 정말 밖에서 일어나는 일을 모르는 무지한 사람이거나 아니면 보고도 못 본 척 회피한다고 말이다. 같은 공간에 있어도 다른 사람이 하는 말들의 뉘앙스를 알아차리지 못한다. 혹은 자기에게 편안한 상태에 들어가면 다른 사람이 안 보인다.

몇 시간이고 통화하는 부모가 있다. 아이들이 배고프다고 한지 벌써 시간이 얼마나 지났는지 모른다. 전화하는 것 자체에 빠져 있다. 독서 모임에 참석하는 부모가 있다. 이 모임에서 만난 사람들이 너무 좋아 이미 선약이 되어 있던 저녁 약속도 미루려고 한다.

9유형 부모가 자주 사용하는 방식은 이처럼 자기에게 좋으면 다음으로 전환(switch)하지 못하는 일이다.

마태복음 17장에 보면 베드로와 야고보와 요한이 예수님과 함께 변화산에 올라갔다. 거기서 모세와 엘리야와 대화하시는 예수님을 보니 베드로는 내려가고 싶지 않았다. 자기가 원래 살던 곳으로 내려가야 하는데 싫다는 것이다.

그래서 이 유명한 말씀인 "주여 우리가 여기 있는 것이 좋사오니"라는 말을 했다(눅 9:33). 여기 있는 게 마냥 좋다는 것이다. 내려가서 책임지고 감당해야 할 일은 지금은 생각하지 않는다. 아니 생각하고 싶지 않다. 산에 오르기 전, 남겨둔 다른 동료들은 안중에도 없다. 지금 여기 내가 보고 듣고 느끼는 데 만족할 뿐이다.

부모가 신앙생활을 한다는 것은 귀가 열리는 일이다. 하나님은 이미 귀가 있는 우리에게 자꾸 귀 기울여 들으라고 여러 차례 말씀하신다. "내 말에 귀를 기울일지어다. 너희는 이것을 들을지어다. 귀 있는 자는 들을지어다. 들을 귀 있는 자는 들으라."

성경을 읽으며 자주 등장하는 말씀들이다. 왜 이렇게 들으라고 하는 것일까. 우리에게는 생물학적으로 귀가 있어서 듣는 것처럼 생각하지만 실제로는 듣지 않는 사람들이 너무 많아서다.

왜 크리스천 부모라고 하면서 자녀들이 힘들어하는지 아는가. 귀를 막고 있기 때문이다. 부모가 하나님의 말씀을 들으러 주일에 교회는 가서 말씀을 들었는데 말씀을 들은 것 같지 않아서다.

삶에서 전혀 말씀을 들은 사람처럼 반응하고 있지 않은 모습을 보면서 자녀들은 생각한다. "아, 하나님은 안 계시는구나. 우리 부모님을 보니 하나님은 없다." 정말 무서운 말이 아닐 수 없다.

부모와 자녀의 신앙 수준은 다르다. 부모는 어쩌면 그렇게 해도 된다고 생각하는 신앙의 융통성이 자녀에게는 편하게 신앙생활 하는 모습으로 비추거나 자기 마음대로 하는 것이라고 보여질 수 있다.

우리 말에 물에 술 탄 듯 술에 물 탄듯이란 말이 있다. 교회에 가면 신자로, 교회 밖에서는 비신자로 어디에든 잘 어울리고 편안하게 지내는 사람일 수 있다. 하지만 자녀들이 부모를 볼 때 나에게는 좋은 부모이고 편안한 부모가 될 수는 있을지 몰라도 신앙적인 면에서는 자녀를 독려하고 바른 방향으로 안내하고 마땅히 가르쳐야 할 것에 대한 가르침을 받아보지 못해서 자녀가 믿음의 자리에서 벗어나게 한다면 그 책임은 부모인 나에게 있다.

나와 관계만 좋으면 된다고 생각하는 식의 오늘날 9유형 부모와 같은 신앙의 모습을 가지고 있는 부모가 얼마나 많은지 모른다.

교회 가라고 성경 읽으라고 신앙이 있어야 한다는 말은 자녀나 다른 가족에게 부담을 주고 나와의 관계에 있어 갈등을 야기할 수 있기 때문에 말하지 않는 부모가 얼마나 많은지 모른다.

나는 하나님과 관계가 있어 구원받는다고 해도 정말 사랑하는 내 가족, 내 자녀에게는 내가 복음을 전하지 않아서 잃어버리는 경우가 얼마나 많은지 모른다.

또한 9유형이 잘 사용하는 방어기제는 억압(repression)이다. 자기를 힘들게 하는 스트레스 요인이 있거나 문제가 생기면 그것을 자연스럽게 무의식으로 눌러버린다. 문제는 끔찍한 일을 겪은 외상 후 스트레스성 장애가 아니라 일상에서 이런 일이 반복된다는 것이다. 자기는 괜찮다고 생각하기 때문에 불편함을 느끼는 상대가 가족이거나 자녀라고 하면 이런 태도 때문에 관계가 어려워진다.

그래서 9유형의 부모는 편안해 보이지만 같이 사는 가족들에게는 답답하고 문제를 크게 만들지 않으려고 하는 경향 때문에 가족들이 억울한 마음이 들 수 있다. 달리 말하면 문제에 대한 게으름이다.

김치찌개를 끓이다가 양 조절을 잘못해 이리 튀고 저리 튀며 넘치고 있다. 그럴 때 더 큰 그릇으로 옮겨 담거나 불을 작게 줄여야 한다. 그런데 그냥 뚜껑을 닫아버린다고 하면 어떻게 될까. 김치찌개는 가만히 있지 않고 자기를 어떻게 좀 해달라는 식으로 계속 흘러넘칠 것이다. 그러다 주변에 눌어붙고 바닥에도 국물이 튈 것이다. 물론 닦으면 된다고 할 것이다.

9유형 부모의 방식은 이런 식으로 사람들과 혹은 문제에 대해 생각하고 말한다. 해결하면 된다고 하고 해결하지 않는다. 될 수 있는 대로 미루려고 한다. 자녀가 기다려도 부모는 해주겠다고 하지 않는다. 집에 불이 들어오지 않은 상태로 지내도 알았다고 하고 등을 교체해주지 않는다. 이것이 별로 문제가 없다고 생각하는 9유형 부모의 잘못된 신념이다.

물론 느긋한 부모는 자녀에게 참 편안을 준다. 그러나 정말 여유롭고 그릇이 넓어 많은 사람을 포용할 수 있는 것이 아니라 내가 마음으로, 행동으로, 생각으로 다른 사람이나 문제를 해결하지 않으려고 느긋하다고 한다면 그것은 문제이다.

때때로 9유형 부모는 알았다고 하고 자주 잊어버린다. 실제로 그것이 싫지만 다른 가족들이 원하니깐 알겠다고 하고 잊어버리는 약속 등이 이런 예다.

자녀에게 옷을 사주겠다고 약속한 9유형 부모가 있다. 자녀는 엄마와 한 약속을 기억하고 일주일을 기억했다. 그런데 엄마는 약속한 날 너무 늦게 귀가했다. 화가 난 자녀가 엄마에게 따지듯 물었다. 일주일을 기다린 자녀는 엄마가 집에 오지 않자 걱정도 되고 여러 가지 상상을 했다.

그런데 아무렇지 않게 평온한 얼굴로 귀가 한 엄마를 보고 딸은 불같이 화를 냈다. 자기와 약속한 것을 잊어버린 것도 화가 나지만 엄마의 평온한 얼굴이 자기를 무시한 것 같이 느껴졌기 때문이다.

그러면 엄마는 왜 잊었을까? 엄마에게 이것은 중요한 일이라고 생각하지 않았다. 9유형 부모는 자기 망각의 상태가 있다. 그래서 일을 맡겨도 잊어버렸다고 하는 식으로 얼버무리는 경우가 있다.

그렇다고 9유형이 무책임하다는 것은 아니다. 어떤 부분에 있어서 자기가 하고 싶지 않은 일이나 중요하지 않다고 생각하면 자동으로 삭제하는 경우가 있다는 것이다. 이것을 알아차려야 한다. 그래야 다른 사람을 덜 피곤하게 하는 것이다.

9유형 부모는 괜찮다고 자녀에게 말하지만, 자녀는 괜찮지 않다는 말이다. 이 차이를 이해할 수 있어야 한다. 그러면 도대체 왜 이러는 걸까. 이것이 9유형 부모가 가진 함정이다. 다른 사람과 잘 어울리고 가족들에게 크게 자기의 주장을 내세우지 않기 때문에 무던한 사람이다. 평화로운 사람이다.

그런데 실은 자기의 욕구를 말하지 않음으로 가족 안에 숨으려고 하는 것이다. 같이 공동으로 일을 해도 나서려고 하지 않는다. 남편 뒤에 숨어서 자기의 마음을 잘 말하지 않는다. 원하는 것이 정말 없다고 생각한다. 그런데 자기의 욕구가 없는 사람은 없다.

9유형 부모는 자녀들이 생일날 선물을 해주려고 물어도 갖고 싶은 것이 없다고 한다. 갖고 싶은 것이 정말 없는 게 아니다. 필요한 것을 홈쇼핑에서 주문하고 쇼핑목록에 찜한 것이 많다. 그런데 왜 없다고 하는 걸까. 자기의 감정을 표현하는 것이 어렵기 때문이다.

8유형과 마찬가지로 행동 중심의 부모는 자기 감정이나 욕구를 표현하는데 매우 서툴고 어색하다. 심지어 9유형은 자기의 욕구를 말하는 것은 가정의 화평을 깬다고 생각한다. 그래서 9유형 부모는 튀지 않고 조화를 이루려고 해서 무감각하다고 할 수 있다.

예를 들어, 가족들이 회식하자고 해서 중국집에 갔다. 속이 좋지 않았지만, 가족들이 중국집에 가자고 하니깐 안가겠다고 하지 않고 갔다. 그런데 가기는 갔는데 많이 먹지 못할 뿐 아니라 중국집에 도착해서야 속이 불편하다고 말하니 다른 가족들은 이렇게 말하는 9유형 부모 때문에 속이 터지고 속상하다. 진작 말해주었으면 중국집이 아니라 죽집으로 갔을 수도 있었다.

가족 안에서 작은 갈등이라도 일어나는 것을 싫어하기 때문에 자기를 잊어버린다. 하지만 무언가 문제가 생길 때, 9유형 부모는 마찬가지로 문제나 상황에 대한 주의를 기울이지 않으려고 해서 본인은 평안할 수 있지만 다른 가족들은 몹시 괴롭다.

만약 내가 9유형에 속한다면 자기가 무엇을 원하는지 잘 모른다고 말하고 가족에게 이런 부탁을 할 수 있어야 한다. 내가 선택할 수 있도록 자꾸 질문을 해달라는 요청이다. 내가 말할 때까지 괴롭지만 가족들이 자꾸 물어주면 선택할 수 있는 능력이 키워진다.

그리고 내가 선택해야 하는 일에 대해서는 미루지 말고 지금 시작하는 습관을 길러야 한다. 아무 일 없는 것처럼 잊어버리려고 하는 경우가 어떨 때인지를 떠올려야 한다. 좋은 게 늘 좋은 건 아니라는 문장을 기억하며 평화로운 상태에 있을 때 갈등이나 대결이 필요한 것을 눌러놓은 것은 아닌지 주변을 살펴야겠다.

4. 완벽한 부모 1유형

원칙이 있는 사람은 아수라장 같은 사회나 조직에서도 도덕적 삶을 지켜나갈 수 있다. 기업의 규율이든 학교의 교칙들을 살펴봐도 인간의 사사로운 이익으로 잘못된 결정을 내리지 않도록 규범이 있다.

원칙, 규범 등은 인간이 어떻게 행동하고 판단해야 할지 갈등 상황에서 결정을 내리는 데 도움을 준다. 그런데 어느 쪽을 선택해야 할지 알고 있음에도 막상 자기의 이해관계에 속하면 그렇지 못한 행동을 할 때가 있다.

국립대 교수가 자기 자녀 2명에게 자신의 강의를 듣게 하고 A+ 학점을 주었다. 이 경우 다른 과목에서도 우수한 점수를 받은 학생들이기에 아버지가 가르친 과목에서 높은 점수를 받았을 것이라 생각할 수 있을까?

많은 사람은 교수가 학생에 대한 성적 평가를 제대로 내렸는지에 대한 공정성을 의심했다. 그는 교수이면서도 그 학생들의 아버지이기 때문이다. 교수 한 사람이 내린 정직한 평가라고 생각하기보다는 이러한 상황 자체를 연출한 것을 허용하는데 문제가 있다고 생각한다.

1유형은 세상을 옳고, 바르게, 완벽하게 만들기 위해 노력한다. 그렇다고 그들이 도덕적인 사람이라는 말은 아니다. 단지 누가 보지 않아도 정직하고 윤리적으로 깨끗하게 살려고 노력하는 사람이고, 다른 사람들에 비해 세상을 개선하고 싶은 의지를 가지고 노력하는 사람이라 할 수 있다.

이들은 규칙이나 법 등을 잘 지킴으로 모범적인 태도를 보인다. 1유형은 그것이 옳다고 생각하기 때문에 그렇게 한다. 자기의 기준이 분명히 있고, 그래야 한다고 스스로 생각하고 있어서 윤리적으로 보인다.

아무도 없는 곳에서도 신호를 잘 지키는 운전자와 같고 함부로 쓰레기를 버리지 않는다. 이들은 다른 사람을 의식하고 보여주려는 것이 아니라 자신이 옳다고 여기는 가치를 추구한다. 문제는 자신이 바로 보고 있다고 확신하고 있어서지만 말이다.

하지만 모든 유형에는 긍정과 부정이 함께 있다. 인간은 불완전한 존재임에도 1유형 부모는 그것을 잊어버리는 듯하다. 이상을 향해 부단히 애쓰고 따라가지만 다른 사람은 그런 노력조차 기울이지 않는 사람도 많고 이런 생각도 하지 않는다. 그래서 1유형은 더 화가 나는지도 모른다. 하지만 9명의 사람 중에 나 같지 않은 사람이 8명이 있다고 생각하면 어떨까.

1유형의 부모는 내가 옳다고 여기는 것에 너무도 열심인 사람이다. 어찌 보면 내가 옳다고 하는 것을 다른 사람은 그렇게 생각하지 않을 수 있고, 내가 옳다고 여기는 것을 그렇게까지 생각하지 않을 수 있다는 게 제일 이해할 수 없는 일인지도 모른다.

하지만 그 원칙으로 인해 다른 사람을 수용하거나 이해하려고 들지 않기 때문에 사람들은 1유형과 어떤 면에서는 말이 잘 안 통하지 않는다고 생각한다. 원칙을 주장하는 사람은 그렇게 해야 한다는 당위성만 가지고 있어서 그런 사람에게 관대함을 기대하기란 어렵다. 그래서 1유형이 하는 말은 대부분 맞는 말이지만 듣기에는 거북하고 못마땅하다.

1유형은 노력하지만 다른 사람들은 그렇지 않기에, 그리고 세상은 공평하고 공정하지 않다는 사실 때문에 그들의 비판 능력은 더욱 계발된다. 하지만 세상만 그런가, 가정도, 교회도 엉망처럼 보인다. 함께 있는 다른 사람은 어떠한가? 그들도 마찬가지다.

그래서 본의 아니게 이들은 세상이 어떻게 굴러가야 하는지, 교회는 어떠해야 하고, 자녀는 부모에게 어떠해야 하는지 등의 원칙들, 이상들에 비춰서 판단하기 때문에 제대로 되어 가고 있다고 생각되는 것이 별로 없다. 마치 줄자를 들고 다니듯, 문제가 생기면 규정집을 들고 어떻게 쓰여 있는지를 제일 먼저 확인하는 사람이라 할 수 있다.

이런 점에서 자신이 먼저 솔선수범함으로 가정에서도, 아버지로서 어머니로서 또는 배우자의 모습에 모범을 보이고 책임감 있고 양심적인 삶의 태도를 보이고 살아가려고 한다.

아침에 일어나면 아버지로서 자녀에게 이래야 한다는 기준을 가지고 본보기가 되려고 한다. 1유형 어머니는 어머니로서 이래야 한다는 자기의 기준을 따라 자녀들을 위해 아침밥을 준비하며 이상적인 모습을 보여주려고 애쓴다.

그런데 그 마음에는 '너도 나처럼 되어야 한다.' 혹은, 너도 자녀로서, 학생으로서 그 신분과 위치에 맞게 살아야 한다는 마음이 있어서 상대에게 부담을 주고 불편하게 한다. 자신은 모르겠지만 1유형 부모는 교사처럼 말하고 가르치려고 한다는 얘기를 많이 듣는다.

하지만 달리 생각해보자. 어떤 사람의 말에 항상 "그래야 한다"는 슈드(should)식 화법을 사용하면 그 말을 듣는 사람은 기분이 영 좋지 않다. 그런데도 1유형 부모는 선생님 또는 법조계 종사자가 아님에도 아니면 형사가 아님에도 그들의 정제되고 확정되고 단언 된 말투는 상대를 질리게 만들 수 있다.

슈드(should)식 화법은 이런 것이다. "해야 한다"라고 상대방에게 말하는 것이다. 청소해야 하고, 돈 벌어야 하고, 공부해야 한다는 것이다. 각자 역할이 있고 그것을 잘 지켜야 한다는 주장을 펼칠 때 이런 말을 사용하게 된다.

하지만 "해야 한다"라는 말에는 자비가 없다. 남의 행동을 비판하거나 충고할 때, 혹은 이렇게 해야 한다고 강력하게 주장할 때는 유익할 수 있지만, 말싸움이 아닌 생활세계에서는 어려운 말이다. 그래서 원칙주의자들에게는 그렇게 하는 것이 맞는 일이고 모두를 위한 방법일 수 있다고 하더라도 기분 나빠하는 이유가 이런 것이다. 사랑을 느낄 수 없고 논리적으로 그들이 하는 주장이 틀리지 않아서다.

이해를 돕기 위해 좀 더 설명해보자. 청소기를 들고 청소를 하려고 하던 그때 청소하라고 말하는 것과 같다. 공부하려고 방에 들어가는데 공부는 언제 하느냐고 다그치는 것과 같다. 의도는 알겠는데 이런 말을 들으면 청소하기 싫고, 공부하기 싫은 게 사람의 마음이다. 왜냐하면 슈드식 화법에는 명령과 통보만 있고 다른 사람의 가능성이나 힘을 실어주는 말이 아니기 때문이다.

"아빠 내가 잘못했어요"라고 자녀가 말한다. 그런 자녀에게 "그래, 알았다"하고 마치는 것이 아니라 "그러니깐 너는 이렇게 했어야지. 왜 그렇게 했어"라고 말한다면 자녀의 마음은 처음에는 잘못에 대해 인정하고 수긍하다가도 점점 자신을 옹호하고 상대를 비판하려고 할 것이다.

그래서 1유형 부모는 내가 높은 기준을 가지고 있는 사람이라고 자기를 이해해야 한다. 그리고 행동 중심의 에너지를 사용하고 있기 때문에 다른 8유형, 9유형과 마찬가지로 다른 사람의 감정을 잘 이해하는데 어렵고 강직하다고 할 만큼 강한 에너지가 있는 사람이라는 점을 알아챌 필요가 있다.

자기의 장점과 단점에 대해 알아차리면 어떻게 다른 사람을 대해야 하는지, 그리고 그들에게 들리는 언어로 위로하고 마음을 얻을 수 있는지에 관한 지혜를 생각할 수 있을 것이다.

특히 자기가 세운 기준이 분명하게 있어서 1유형 부모에게 칭찬받기란 정말 어려운 일이다. 이런 기준을 가진 사람이니 그와 같이 일하는 동료들이나 가족들은 그의 감정을 읽을 수 없고 그의 옆에서는 긴장하는 것이 이상하지 않다.

그런데 칭찬은 1유형 자신에게도 잘하지 못하는 부분이다. 자기가 만든 작품이나 저서, 그림, 혹은 프로젝트를 달성하고 대체로 만족하지 못한다. 본능적으로 자기 안에 완벽함에 대한 잣대가 있어서 남들의 눈에는 그럴듯해 보이고 정말 잘했다고 말을 해줘도 자기는 스스로 만족하지 못한다. 물론 이로 인해 수준 높은 작품이나 활동, 사역, 연구가 뛰어나게 일어난다.

이렇게 1유형의 부모가 가족에게도 잘 칭찬하지 못하고 편안한 사람이 되지 못한 이유는 예민하거나 부정적이어서가 아니다. 보다 근본적인 원인은 자기 불안인데 스스로를 신뢰하지 못해서다. 자기 안에 있는 내면의 목소리가 끊임없이 자기에게 더 잘하라고 엄격하게 충동질하고 있기에, 엄청나게 긴장하고 있는 상태다.

안타깝게도 간혹 1유형 부모 중에도 하나님을 자기식으로 오해하고 하나님을 믿는데도 자유롭지 못하고 율법적으로 신앙생활을 하는 사람이 있다. 하지만 하나님은 그런 분이 아니다. 완벽하신 하나님이시지만 불완전한 우리를 사랑하시는 하나님이시다. 하나님은 공의와 사랑이 함께 있으신 분이시다. 그래서 예수님을 우리에게 보내주셨다.

성경은 "그리스도께서는 우리가 아직 죄인이었을 때에 우리를 위해 죽으셨습니다. 이것으로써 하나님께서는 우리를 향한 그분의 사랑을 나타내셨습니다(롬 5:8)."라고 말한다. 질서 있게 세상을 차례로 만드시고 모든 것이 하나님의 뜻과 방법대로 운영되게 하셨음에도 불구하고 인간을 향해서 하나님은 완전한 인간이 아니라 불완전하고 죄 많은 상태인데도 수용해주셨다.

이 점을 1유형 부모는 기억해야 한다. 내가 추구하는 수준이 높아서 엄격하고 이것은 이렇게 해야 한다고 할 수 있다. 그것이 틀리다는 말이 아니다. 하지만 세상은 완벽하지 않고 나 역시도 완벽하지 않다.

인간에 대한 이해가 깊어야 인간을 신뢰할 수 있고 일을 맡길 수 있다. 내가 맞다고 생각하고 틀리지 않았어도 상대방에게 내 말을 주장하거나 가르치면 상대방을 틀렸다고 단정하는 문제를 낳는다. 하나님은 우리가 긍휼과 연민으로 서로가 서로를 바라봐주기를 원하신다.

비난은 비난을 낳는다. 가끔 자녀가 세상에 대해 너무 비판적이라고 하는 분들이 있다. 혹시 내가 뉴스를 보며 하는 말들이나 내 주위 사람들에 대해 마음 씀이나 태도가 너그럽지 못하고 쌀쌀맞지는 않은지 생각해봐야 한다. 어떤 아이들은 교회에서 일어난 일들에 대해 부모님에게 전해 듣고 같이 비난하는 아이들이 있다.

나는 어릴 적부터 교회에서 자라 부모님에게 많은 영향을 받고 자랐다. 부모님의 식성을 닮았을 뿐 아니라 부모님이 좋아하는 것을 나도 좋아한다. 부모님이 싫어하는 것은 어떤 부분에서는 나도 싫다. 생각보다 자녀는 부모의 모든 것으로부터 영향을 받는다.

교회에서 생긴 일들도 그렇다. 어떤 사람은 누구랑 친하고 또 누구는 어떻게 신앙생활 하는지, 그 집에서는 어떤 일이 일어나는지. 어릴 적에 일부러 들으라고 하지는 않았지만 부모님의 말을 들으며 자연스럽게 나도 부모님과 한 편이 되어 상대를 판단하곤 했다.

그런데 비판하는 마음이 생겨서 상대방을 볼 때마다 불편했다. 이야기를 듣기 전까지는 좋았던 사람인데 이야기를 들을 후부터는 싫어졌다. 내가 듣지 않았다면, 내가 몰랐다면 차라리 좋았었겠다고 생각한 적이 있었다.

우리가 하는 실수가 이렇다. 자녀에게 분별력을 심겨주고 세상에 대한 균형적인 시각을 제공하고 올바르게 잘 살라고 가르치는 것 말고도 누군가를 비난하고 평가하는 일도 가르치게 된다. 또한 부모인 내가 보는 것이 항상 옳은 것은 아니며 전부가 아니라는 것에 대해 말해주지 못했다.

이렇게 1유형 부모가 가장 어려움을 겪는 부분은 자기의 의견을 포기하지 못하는 점이다. 다른 유형과 달리 옳다고 생각하는 신념이 강해, 자기의 생각이나 행동에 대해 고치려고 하지 않는다. 이것은 신념을 가진 사람의 무서운 함정이다.

내가 옳으면 상대방은 틀린다고 생각한다. 내가 흑이면 상대방은 백이라고 생각한다. 이것은 8유형만 가지고 있는 행동 방식이 아니라 1유형이 가지고 있는 흑백논리, 혹은 확증편향이라고 할 수 있다.

확증편향(confirmation bias)은 내 생각을 고수하기 위해 다른 관점이나 정보는 받아들이지 않는 것을 말한다. 원 소스 원

아웃(one source, one out)이다. 하나의 자료가 전부인 줄 안다. 다른 자료는 검토해 볼 생각조차 하지 않는다.

보이지 않는 고릴라(Invisible Gorilla) 실험에서 밝혀진 것처럼, 사람들은 자기가 보고 싶은 것만 보고 듣고 싶은 것에 편중된 나머지 다른 주장들은 받아들이지 않는다. 심지어 상대가 거짓말한다고 믿는다. 내가 확신하고 있어서 그것이 옳다고 생각한다. 단 한 번도 자신의 생각이나 판단을 의심하지 않는다.

어떤 사람들은 하나님을 믿는 사람 중에도 하나님이 자신을 설득해야 한다고 생각하는 사람들도 있다. 왜 그렇게 해야 한다고 생각할까? 엄청난 교만이다.

나와 같은 방식으로 생각하지 않거나 실수하면 틀렸다고 단정한다. 다른 사람에게 어떤 이유와 사정이 있었는지 들어볼 필요가 없다. 왜냐하면 그들은 틀렸고 나는 맞기 때문이다.

이러다 보니 1유형 부모는 예민하고 짜증이 섞인 분노가 그 안에 내재하여 있다. 이들은 절대로 화가 나지 않았다고 하지만 미간을 찌푸리며 말한다. 8유형과 마찬가지로 자기 말대로 해야 한다고 생각하는 것이 있다.

8유형 부모가 내가 너를 지켜주니깐, 내가 너의 부모니깐, 내가 너보다 힘이 있다는 것을 주장하며 상대방을 지배하려고 한다고 한다면, 1유형 부모는 상대방을 지배하려고 하거나 다

스리려고 하는 의도가 전혀 없지만, 내가 하는 것이 옳으니까 나를 따라와야 한다고 생각한다. 그러니 8유형과 1유형이 만나면 서로 힘들어한다.

다시 한번 강조해도 부족하지 않을 듯하다. 인간이 모인 곳은 완벽할 수 없다. 죄에 대한 뻔뻔함이 아니라 긍휼이다. 죄에 대한 허용이나 관용이 아니라 이해다. 내가 완전한 사람이 아니듯 다른 사람의 연약함을 받아주고 포용하며 세상을 개선해 나가야 한다. 혼자 열 걸음을 걸으며 개선하는 것보다 다 같이 한 줄로 서서 한 걸음으로 움직이는 게 더 큰 영향력이다.

그러므로 세상에 대한 옳음의 시선이나 잣대보다도 시선을 예수 그리스도에게 두고 지나치게 엄격하지 않도록 사람에 대한 긍휼의 시선을 놓치지 말아야 한다. 예수님은 사람들을 고치실 때 항상 그들을 불쌍히 여기셨다.

긍휼은 기적의 전제조건이다. 세상에서 더이상 기적을 볼 수 없는 것은 세상을 살아가는 사람들을 불쌍히 보는 사람이 부족하기 때문이 아닐까 싶다.

가족도 마찬가지다. 어떻게 해야 한다는 것이 아니라 어떻게 살아야 할지에 대한 몸으로의 헌신, 말이 없는 사랑, 기대가 아닌 기여를 할 때 가정도, 조직도, 사회도 달라진다. 나는 세상 전체를 바꿀 수 없다. 하지만 내가 속한 곳은 바꾸어나갈 수 있다. 내 몸의 긴장을 늦추기 위해 스트레칭을 하듯, 사람과의 관계도 좀 느슨해질 수 있게 여유를 보여야 할 것이다.

퇴근하면 곧바로 집에 들어오고 월급을 따박따박 갖다주고 성실하게, 책임감 있게 살아가는 모습도 좋지만, 어쩌면 가족들이 바라는 모습은 긴장하지 않고 편안하게 살아가는 모습일지 모른다.

5. 잘 도와주는 부모 2유형

부모의 유형 중에 가장 헷갈린다고 할 수 있는 유형이 바로 2유형 부모이다. 2유형 부모는 가족들을 잘 돌보고 이타적이라고 할 만큼 희생적이다. 그들은 나를 위해 이렇게까지 수고하고 챙겨주는데 이런 사람을 싫어하는 것은 말도 안 된다고 생각하게 만든다. 문제는 이 점이다. 부모가 자녀를 사랑하고 도와주는 것은 이상한 일이 아니다. 오히려 이것을 이상하다고 생각하는 것이 이상한 일이다. 하지만 잘 도와주는 것이 문제라는 것이 아니다.

어릴 적 아기는 혼자 할 수 있는 게 거의 없다. 스스로 옷을 입을 수도 없고 밥을 먹을 수도 없다. 물을 마실 수도 없고 그저 할 수 있는 것이 누군가의 도움이 필요한 일이다.

그런데 아이가 점점 자라면서 욕구가 생긴다. 욕구는 강한 에너지다. 아이는 때때로 부모 입장에서 볼 때 말도 안 되는 것을 요구하기 시작한다. 겨울에 여름옷과 같이 얇은 옷을 입고 유치원에 가겠다고도 한다. 어린이집에 다니는 아이들만 그런 것은 아니다.

사춘기를 보내는 청소년들도 부모가 볼 때 전혀 어울리지 않는 옷차림을 하고 밖에 나가겠다고 하는 경우가 있다. 헤어스타일도 그렇고 전혀 이해하기가 쉽지 않은 모습을 보일 때가 있다.

아이들이 점점 자라면서 자신의 의견을 내세울 줄 알고 사랑하는 부모라고 할지라도 "아니요"라고 할 수 있어야 건강한 아이다. 부모이기 때문에 무조건 "네"라고 하는 것은 부모 처지에서는 전혀 이상하게 보이지 않고 그것을 오히려 좋아할 수 있지만, 가만히 생각해보면 "네"라고 하는 아이는 욕구가 적은 아이이거나 건강하지 않은 상태다.

그런데 우리가 자녀를 키우면서 부모의 의견에는 무조건 "네"라고 하는 아이로 키우고 있는 것은 아닌지 부모 자신이 성찰해야 한다. 내 의견에 반대하지 못하도록 혹시 내가 조종하는 것은 아닌지 부모 스스로 살펴야 한다.

그렇지 않으면 아이는 이미 부모에게 '중독'되어 부모의 뜻만을 따르는 착한 아이처럼, 혹은 모범생처럼 보일 수 있다는 것이다. 중독이라는 것은 처음부터 중독으로 시작되지 않는다. 처음에는 재미있어서, 즐거워서, 회피하고 싶어서 등의 여러 가지 이유로 시작하다가 어느 순간 내 의지가 사라지게 하는 것이 중독이다.

내가 더 이상 그것과 싸우거나 이길 수 없다는 것을 알게 되는 것이 중독이다. 술, 담배, 쇼핑, 종교, 사람 등 중독의 형태가 다양한 것은 나로서는 도저히 끊을 수 없게 한다는 점에 있어서 무서운 것이다. 부모가 자녀를 중독시킨다는 표현이 섬뜩하기는 하지만 우리에게는 이런 모습이 있다.

언제나 자녀를 위해, 배우자를 위해서 자신의 삶을 희생하는 여자가 있었다. 결혼하기 전 직장도 있었고 일하는 것을 좋아하는 여자였다. 그런데 결혼하고 회사를 그만두었다. 주위 사람들이 이상하게 생각했다. 남들이 생각할 때 그 회사에 들어가는 것이 너무 어려운 일이었는데 그녀의 결정은 너무 단순했다. 행복한 가정이 그녀에게 꿈이었기 때문이다.

남편은 그녀의 결정을 막지 않았다. 그것이 그녀가 원하는 것이라면 그렇게 해주고 싶었다. 그리고 좀 더 솔직한 마음으로는 원가족 부모가 항상 맞벌이였기 때문에 집에 아무도 없는 것이 싫었고 누군가 집에서 나를 기다리고 있어 주면 좋겠다는 마음이 있었다.

남편의 성장 과정과 아내의 이런 욕구가 맞물려 아내는 가정에서 많은 시간을 보냈다. 아침에 출근하는 남편을 위해 밥상을 차리고 남편의 옷을 다림질하고 청소하고, 커피를 마시고, 라디오를 들으며 설거지를 하고. 주부로 사는 사람은 이해하겠지만 시간이 그리 여유로운 것은 아니었다.

그래도 힘들다는 생각보다는 행복하다고 생각했다. 남편을 위해 메뉴를 짜고 남편을 기다리고 같이 저녁을 먹는 게 행복이라고 생각했다. 하지만 어느 순간부터 남편은 이런 삶이 너무 지루했다.

회사에서 일을 좀 더 하고 오고 싶어도 집에서 온종일 자기만을 기다리는 아내가 신경이 쓰여 일을 대충 마무리하고 와야할 때, 짜증이 났다. 낮에 직원들과 회의하면서 못다 한 뒷얘기를 좀 더 풀어야 하는데 아내가 밥도 먹지 않고 자기를 기다리고 있다는 것을 알다 보니 저녁 9시쯤 되면 정리하고 집에 들어가야 했다.

남편이 아무리 늦게 들어가도 아내는 화를 내지 않았다. 밤 11시가 되어도 밥을 차린다. 자기를 위해 이렇게까지 수고하는 아내가 고맙기도 하지만 부담스러운 것도 사실이다. 그런데 미안해서 말을 할 수 없다. 아내가 실망할까 봐, 아내에게 미안한 마음에 속으로는 짜증도 나고 화도 나는데 복잡한 마음을 꺼낼 수가 없다. 여러분이 남편이라면, 여러분이 아내라면 어떨까.

사람은 각각의 나무처럼 한 그루씩 서 있어야 한다. 자기의 몫이 있다. 그런데 누군가 자꾸 나에게 기대고 기생하려고 하면 나는 나의 인생만이 아니라 그의 인생까지도 살아야 해서 힘들 수밖에 없다.

2유형 부모는 자기도 모르게 다른 사람의 인생에 집중한 나머지 다른 사람에게 끊임없이 맞추며 산다. 아이들이 자라면 이제 그 둥지에 깃들었던 새는 날개를 펼치고 날아간다. 그리고 새로운 나무를 찾아 자기의 서식지를 옮긴다. 2유형 부모에게 이것은 말도 안 되는 일이다.

우리에게는 다양한 정체성이 있다. 직장에서는 회사원으로, 가게에서는 사장으로, 집에서는 배우자로, 부모로, 교회에서는 성도로, 교사로, 성가대원으로, 또 부모 앞에서는 자녀로, 학교에서는 선생님으로, 학생으로 … 이렇게 다양한 정체성이 있다.

교회에 가서는 성가대 가운을 입고 성가대원이 되어 찬양한다. 예배를 마치면 성가대 가운을 벗고 집으로 간다. 집에서는 누군가의 부모이고 배우자이다. 월요일 아침이 되면 회사원이거나 작은 가게를 운영하는 사장이다.

나는 누구인가? 이렇게 다양한 모습에서 나 자신을 찾아가는 일에는 중심이 필요하다.

낮에 거래처와 한바탕 싸우고 나서 마음이 진정이 안 된 상태였다. 내 안에 악을 다 끌어모은 것처럼 입에서는 거친 말이 오갔다. 아직도 분이 다 풀리지 않은 상태에, 전화가 왔다. 같이 성가대로 봉사하는 분의 전화다. "네, 집사님." 나도 모르게 목소리가 상냥해진다.

나는 누구인가? 방금까지만 해도 미칠 듯이 화를 내던 나의 모습은 온데간데없고 명랑하고 친절한 내가 있다. 우리의 사는 모습이 이렇다. 그런데 이렇게 항상 상황에 맞추다 보면 정말 내가 누구인지를 잊게 된다.

나는 누구인가. 왜 나는 누구의 배우자로만 살려고 하는 걸까. 나는 누구인가. 어떤 사람은 자기를 소개할 때 자녀나 배우자의 성공사례 같은 비스므레한 말들로 자기를 소개하는 사람이 있다. 자기를 잊어버린 사람들의 특징이다. 내가 궁금한 건 당신의 가족 이야기가 아니라 바로 당신이다.

왜 2유형 부모는 다른 사람을 위해 희생하고 살까? 그것은 그렇게 해야 자기가 사랑받는 다고 느끼기 때문이다.

나의 중심동기가 사랑하는 가족을 위한 헌신인지 생색인지 자신을 성찰할 때 알 수 있다.

혹은 내가 자녀를 위해 요구할 때 그것을 그냥 거절하도록 내버려 두는지, 아니면 내가 생각하는 것대로 하도록 만들려고 전략을 짜는지 자신을 살펴야 한다.

집에 있지만, 자녀를 돌보고 공부 계획표를 관리하느라 바쁜 시간을 보내는 여자가 있다. 남편은 돈을 벌어주고 교육과 관련해서는 아내가 맡는다. 아내의 이런 노력에 자녀들이 잘 따라와

주었다. 주위에서는 행복한 가정이라고 칭찬을 받는다. 이대로만 되면 명문대는 틀림없다.

하지만 사춘기에 들어선 아들이 엄마와 자꾸 어긋난다. 만화를 그리겠다는 아들과 실랑이를 벌이고 있다. 만약 엄마 말대로 하지 않으면 너는 후회하는 인생이 될 것이라고 말한다. 그리고 이렇게 엄마 말을 듣지 않으면 너에 대한 모든 지원은 끊어버리겠다고 엄포를 냈다.

아들은 어쩔 수 없이 엄마의 말대로 하고 있다. 하지만 전혀 행복해 보이지 않는다. 엄마는 생각한다. 지금은 아이가 억지로 하지만 나중에는 엄마에게 고마워할 것이라고. 그래서 엄마는 마음을 다잡고 공부하는 아이의 방문을 열고 간식을 다시 넣어주기 시작한다.

내가 아는 아이도 아버지의 조언을 따라 전혀 적성에 맞지 않은 과를 다녔다. 4년을 아버지 때문에 공부했다고 말했고 지금도 아버지를 원망하고 있는 모습을 본다.

자녀가 결정한 것을 믿어주지 못하고 자기 뜻을 관철하고자 하므로 아버지는 4년간 등록금과 필요한 모든 것을 지원해주었지만 자녀에게는 존경도, 사랑도 받지 못한다. 너무 억울하고 불쌍한 관계이다.

세례요한을 죽이도록 사주한 사람은 살로메의 엄마 헤로디아이다. 헤롯의 아내인 헤로디아는 헤롯의 동생 빌립과 결혼한 적이 있었다. 그녀가 이혼하고 다시 결혼한 것이 유대 율법에 어긋나고 이를 세례요한이 지적하자 그녀는 분노했다. 그리고 남편도 모르게 딸 살로메를 시켜 생일 춤을 추게 했다(마6장). 헤롯의 생일날 살로메의 춤 덕분에 기분이 좋아진 헤롯은 무슨 소원이든 들어주겠다고 약속하고, 살로메는 어머니의 계략대로 세례요한의 머리를 베어 달라고 청한다. 살로메는 어머니의 계략에 의해 살인자가 되었고 그녀의 재능은 죽이는 데 사용되었다. 딸을 통해 자기의 목적을 이룬 부모이다. 자기가 살기 위해 자녀를 희생하는 악한 부모이다.

관계 안에서 서로를 자유롭게 거리를 두지 못하고 '너는 내 것이다'라는 잘못된 사고를 너무 많은 부모가 하고 있다. 많이 배운 부모일수록 압력은 더 심하다.

헬리콥터 부모(helicopter parents)라는 말이 있다. 아이의 주변에 엄마가 마치 헬리콥터처럼 주변을 서성이고 있다는 것이다. 자녀에게 무슨 일이 조금이라도 생기면 금방 내려와 진압이든 치료든 도움이든 줄 수 있다.

요즘 말로 상황을 바꾸면 'CCTV 부모'라고 할 수 있겠다. 부모가 없는 공간에서 벌어지는 학대나 문제들이 일어나면서 맞벌이하는 가정에게 CCTV는 부모에게 안심을 준다. 일하다가도 자녀가 궁금하면 CCTV를 틀면 된다.

하지만 부모는 안심하지만, 자녀는 쉴 곳이 없다. 부모가 다 알고 있다. 자녀가 유일하게 마음을 쉴 수 있는 곳은 편의점이다. 그래서 편의점은 어린이, 십 대 청소년들이 주 고객이다. 동네 슈퍼는 앉거나 쉴 수 있는 환경이 아니고 pc방이나 노래방은 안전 때문에 잘 갈 수도 없다. 그나마 편의점에서는 자신이 좋아하는 것을 골라 10~20분 쉴 수 있다. 거기에는 부모의 CCTV가 없다.

한 청년이 나에게 이런 말을 한 적이 있다. 하나님이 CCTV처럼 나를 감시하는 것 같다고. 그 청년은 소위 명문대를 졸업하고 외모도 성품도 반듯해 보이는 청년이었다. 왜 그렇게 생각하냐고 물었다. 자기는 하나님이 하늘에 계신다는 말이 그렇게 들린다고. 그래서 하나님에게 정이 안 간다고 했다.

청년이 살아온 환경에서 하나님을 보게 되는데 청년에게 부모님은 항상 통제와 감시, 지도를 해왔다. 신앙은 부모를 통해 하나님에 대한 이미지를 갖는 것인데 자기가 경험한 부모님이라는 프레임을 가지고 하나님에 대한 신앙을 생각하니 그것밖에 생각하지 못하는 것이다.

내가 대학교에서 조교를 할 때 일이다. 이른 아침에 조교실로 전화가 왔다. 흔히 조교실 전화는 교수님들이나 행정실에서 연락한다. 그런데 전화를 받자마자 경쾌한 목소리로 신입생의 어머니라며 인사를 한다. 전화한 이유는 어떤 과목을 듣는 게 좋은지 물어보려고 전화했다는 것이다. 아이는 초등학생이 아니고 20살 대학생이다. 어머니가 대학교에 들어오는 것이 아니고 자녀가 들어오는 것이다. 그런데 어머니는 아직도 상황 파악이 안 되는 듯했다. 어머니의 마음은 이해가 되었지만 이런 분위기에서 자란 학생이 학교생활을 스스로 잘 할 수 있을지 걱정되었다. 하긴 어떤 교수는 말하길 성적에 대한 항의를 부모로부터 받았다는 얘기도 들은 적 있다.

자녀를 사랑하는 것은 자녀의 문제의 해결사가 되는 것이 아니다. 자녀의 얽힘이나 어려운 일은 자녀가 해결하면서 배워야 한다. 그렇지 않으면 부모는 자녀의 성장 기회를 박탈하는 것이다.

콜로라도 대학 연구진의 논문에 의하면, 헬리콥터 부모를 둔 아이의 대뇌 실행기능(Executive function)이 그렇지 않은 아이에 비해 현저하게 떨어진다는 결과를 발표했다. 부모가 아이의 대뇌에 생기는 신경회로를 활성화하지 못하도록 막았다는 것이다.

자수성가한 부모일수록 그리고 똑똑한 부모일수록 어떻게 성공해야 할지, 어떻게 부를 축적할지에 대한 비결이 있다. 내 자녀만큼은 나처럼 어렵지 않기를, 힘들지 않기를 바라는 마음에서 시작했다는 것을 안다.

이런 부모는 이런 식으로 종종 말한다. "나는 알려주는 사람이 아무도 없었어요. 나는 혼자였어요. 그래서 내 자녀만큼은 도와주고 싶어요. 나처럼 후회하지 않도록, 시간을 낭비하지 않도록 말이죠." 모든 부모의 마음이 이런 거 아닐까 싶다.

하지만 제일 중요한 것을 놓쳤다. 길을 잃고 헤매는 것도 그 아이의 몫이다. 그 아이의 선택이고 자유다. 길인지 알고 가다가 길이 없다는 것을 알게 되었다. 자녀는 그때 대뇌가 움직인다. 뇌는 움직이는 것이다. 뇌가 활성화되었다는 것은 문제를 해결하려고 할 때, 난관에 부딪힐 때 생기는 것이다.

그래서 공부를 하면 머리가 아프게 머리에 새로운 길이 생기기 때문에 아픈 것이다. 공부하기 싫어서 머리가 아픈 게 아니라 길이 만들어지니깐 아픈 것이다. 그런데 머리에 길이 나지 않도록 부모가 먼저 알려주면 아이는 어떻게 되겠는가? 더 이상 생각하지 않는 아이가 된다.

많은 부모가 말한다. "지금은 얘가 어리니깐요. 지금은 얘가 모르니깐 제가 고등학교 때까지만 도와줄 거예요." 문제는 그다음이다. 이렇게 습관이 되어 버린 아이는 다른 경험을 하지 못했기 때문에 엄마 아빠만 찾는다.

"엄마, 이제 나는 어떻게 해야 하나요?" "그다음은요?" "누구랑 결혼해야 하나요?" "몇 명을 낳을까요?" "어디로 이사해야 할까요?" 우스갯소리로 만든 문장이기는 하지만 실제로 하는 말들이기도 하다. 결혼하고도 배우자랑 상의하지 않고 부모에게 상의하는 다 큰 성인아이들이다.

부모의 불안이 자녀에게 미쳐, 자녀가 경험하지도 못하도록 가로막은 것, 큰 죄이다. 도와달라고 할 때 그때 도와주는 것. 힘을 가진 부모가 해야 할 일이다. 내가 할 수 있지만 하지 않고 바라보는 것, 정말 어려운 일이다.

나도 이것을 잘 모를 때 하나님에 대해 원망했다. 전지하시고 전능하시다는 그분이 왜 나를 이렇게 내버려 두는지. 버림받은 것 같은 절망의 끝까지 내려가야 한다. 지하 3층이면 끝났는지 알았는데 지하 7층까지 있다는 것을 알 만큼 떨어져야 한다. 나에 대해, 세상에 대해 알아야 하는 시간이다. 기도해도 응답하지 않고 기도를 듣고서 계시는지 허망하고 좌절을 맛봤다.

예수님께서 오죽하시면 십자가에서 나를 버리셨냐고 소리를 질렀을까(막15:34). 하나님의 교육방식이다. 마음에는 안 들지만 그게 하나님의 방식이다. 그래야 내가 자란다. 하나님에게 다 맡긴다고 하면서 집에서 뒹굴고 내가 좋아하는 것만 하는 데 아니다. 하나님을 믿지만, 하나님이 안 계신 것처럼 열심히 살아고 하신다.

2유형 부모는 자녀나 배우자에게 자꾸 무언가 도와주고 베풀려고 한다는 것을 알아차려야 한다. 그리고 내가 자꾸 무언가 도움을 주면서 혹시 어떤 목적을 두고 하는 것은 아닌지 살피고 그렇다면 멈춰야 한다. 조건이 생기면 하지 말아야 한다.

오직 부모만이 조건 없이 자녀를 사랑할 수 있다. 이 세상에 자녀를 조건 없이 바라볼 수 있는 존재는 부모밖에 없다. 그래서 하나님은 부모를 세상에 두셨다. 물론 부모도 그것이 어려운 일이지만 말이다.

아기를 처음 안았을 때 그 아이가 무엇을 했기에 좋아한 것이 아니라 그냥 그 아이 자체라서 사랑했다는 것을 기억하자. 다른 사람들처럼 자꾸 조건을 붙여 사랑하려고 하는 마음을 내려놓고 조정하려고 하지 말아야 한다.

6. 성공한 부모 3유형

아침이 되면 신데렐라 마법의 주문이 끝난 것처럼 다시 일상이다. 어젯밤 부부싸움으로 몸과 마음이 만신창이가 되었지만, 오늘은 주일이다. 교회 가야 한다. 밤새 불안에 떨었던 자녀들은 부모가 마주 앉아 말없이 식사하는 모습이 의아하기만 하다. 어떻게 저럴까?

정장을 차려입고 자녀들에게 좋은 옷을 입히고 책꽂이에 꽂힌 성경책을 꺼낸다. 세차한 차를 탄다. 앞 좌석에는 부모가 뒤 자석에는 자녀들이 탄다. 교회에 도착했다. 반갑게 성도들과 인사하고 부모는 대 예배를 드리러 본당으로, 자녀들은 그런 부모의 모습을 본체만체하고 자기들 부서로 들어간다.

예배를 마치고 다시 식당에서 만난다. 네 명이 같이 모여 교회 식당에서 점심을 먹는다. 지나가던 장로님이 아버지에게 아는 척을 한다. 옆에서 힐끗 보던 권사님이 말을 건넨다. "누구네는 정말 좋겠어. 아이고 이런 집이 장로가 되어야 하는데. 곧 되겠지, 뭐."

아이들은 국에 머리를 파묻히고 밥을 먹는다. 식사하고 다 같이 차를 타고 집으로 온다. 말끔한 옷들을 스타일러에 넣고, 가방에 넣었던 성경책과 소지품을 정리한다. 옷을 갈아입는다.

모두 자기 방으로 흩어 들어간다. 아무 일이 없었던 것처럼 말이다.

3유형 부모는 사람들에게 보이는 이미지를 매우 중요하게 생각한다. 이미지를 지키기 위해서 가족들은 때론 들러리가 된 것 같은 느낌을 받는다. 회사에서 송년 모임에 가족들을 대동하듯 교회 갈 때도 집 이야기는 말 한마디 하지 못한다. 내가 조금이라도 우리 집에 대해 안 좋은 말을 한 것이 아버지 귀에 들어가면 나는 그날로 맞아 죽을지도 모른다.

좋은 이미지를 만드는 것. 좋은 부모처럼 보이는 것, 괜찮은 성도처럼 보이는 것. 3유형이 제일 잘하는 일이다. 능력 많은 부모가 되어 자녀들이 먹고 싶다는 것은 마음껏 사주고, 해외여행도 일 년에 한두 번은 나갈 수 있는 경제적 능력을 갖춘다.

하지만 아무도 이 집이 밤새 싸워서 몸과 마음이 다 망가졌는지 눈치채지 못한다. 교회에 빠진 적도 없고 헌금도, 봉사도 잘하기 때문이다. 그런데 자녀들은 어떻게 생각할까?

오늘날 자녀들이 교회에 남지 않는 이유는 성도의 세속화 때문이다. 믿음으로 살아가는 모습을 보여주지 못한 부모의 삶의 결론이다. 결론적으로 부모 때문에 교회를 떠났다. 보이는 모습과 사는 모습의 괴리 속에 성인이 되면 교회를 나가버리는 청년이 많은 것은 실질적으로 부모 때문이다.

고등학생 때까지 교회에 다녔다는 것이 중요한 게 아니다. 자녀들이 부모를 통해 하나님에 대한 이미지를 어떻게 가졌는지, 자녀들이 부모님을 참 성도로 인정하는지에 따라 교회에 남을지 떠날지가 결정된다.

부모님과 같이 살 때는 교회에 빠질 생각을 할 수 없다. 하지만 대학생이 되고 직장에 취업하고 결혼하면 마음대로 한다. 이제는 부모의 말이나 영향력은 없다. 보이는 이미지에 힘쓰면 속은 빈 껍데기가 된다.

2유형, 3유형, 4유형은 가슴 에너지를 사용하는 사람들이다. 2유형 부모는 내가 다른 사람을 도움으로 사랑받는 이미지를 고수한다. 3유형 부모는 성공한 사람이라는 이미지를 추구함으로 중요한 사람이 되고자 한다. 4유형 부모는 특별한 이미지를 추구함으로 다른 사람과 다르다는 이미지를 갖는다.

3유형 부모는 열심히 일하는 사람이다. 이들의 가치는 무시당하지 않으려면 성공해야 한다고 생각한다. 세상에서 살아남는 방법은 경쟁해서 이기고 잘 적응해서 남는 것이다. 누구보다 성공과 성취에 대한 빠른 감각이 있고 일하는 방법, 순서, 잘 보여야 하는 사람이 누구인지 직관적으로 느낀다.

그래서 이들은 회사에서 가장 승진도 빠르고 일도 잘한다는 평가를 받는다. 상사에게는 좋은 아랫사람으로, 동료들에게는 따르고 싶은 멘토로 보인다. 하지만 모든 일을 잘할 수는 없는 법이다.

회사에서 성공한 사람들, 혹은 자기의 학문이나 연구, 사업에 매진한 사람들의 많은 경우 가족과 멀어진 경우가 허다하다. 일중독에 빠진 사람들이 많고 암에 걸리거나 몸이 보내는 신호를 무시하고 일에 빠지다가 건강을 잃는 리더들도 많다.

내 친구 부모님은 방앗간과 떡집을 같이 운영했다. 친구는 다른 아이들과 다르게 새벽부터 일어나 부모님의 일을 도와드려야 했다. 한참 잠이 쏟아지던 중학교 시절, 새벽마다 부모님을 도와드린다는 게 참 신기했다. 부모님은 재미있는 제안을 하셨는데 새벽부터 일하면 손님들에게 받은 잔돈이 담겨있는 통에 손을 넣고 한 움큼 쥐고 가져갈 수 있다는 것이다. 이 친구 덕분에 학교에서 파는 비싼 쫄면을 여러 번 얻어먹었던 기억이 난다. 친구는 돈이 많았다.

그러던 어느 날 울면서 이런 말을 한 적이 있다. 자기는 사실 돈보다 부모님이랑 하루라도 어디 좀 가봤으면 좋겠다는 것이다. 자기 부모님은 너무 열심히 일하시지만 어디 놀라가 본 적이 없다는 것이다. 하루라도 가게 문을 닫고 놀러 가고 싶다는 자녀의 마음을 부모님도 모르는바 아닐 테다. 친구의 말을 듣고 난 뒤 친구의 많은 돈이 그리 부럽지 않았다. 친구 부모님은 늦

둥이로 낳은 딸을 위해 하루도 쉬지 못하셨다. 하지만 딸이 원하는 것은 흔한 김밥이라도 싸서 어린이대공원에 놀러 가는 것이었다. 동상이몽이다.

3유형의 부모는 열심히 일한다. 자녀가 무시당하지 않게 하려고 엄청나게 노력해서 저마다의 자리에 올라선 사람들이다. 자기가 이렇게라도 해야지 이다음에 자녀들이 좀 더 편하다고 생각하는 까닭에 쉬지 않는다. 이들이 쉴 때는 정말 건강에 이상이 와서 움직이지 못할 때라고 해야 할까. 달성해야 할 목적이 있으므로 쉴 수 없다. 쉬는 법을 잊어버렸다. 일하는 것이 훨씬 좋다고 하는 이들이다. 그래서 서글프다.

그런데 모든 일에는 때(kairos)가 있다. 자녀의 학예회나 입학 및 졸업, 시험과 수술 등과 같은 병치레, 학업이나 친구 관계에서 오는 고민들은 다 때가 있다. 그때가 한번 지나면 아쉽지만 되돌이킬 수 없다. 부모가 같이 있어 줘야 할 시간이다.

열심히 가족을 위해 살아서 큰 집만 있고 자녀들은 부모를 찾지 않는 경우를 본다. 자녀를 위해 집 한 채씩 해주고 필요한 뒷바라지를 해주었지만, 자녀들이 부모를 잘 찾지 않는다. 부모가 나이가 들면 자녀가 부모와 함께 해줘야 한다. 그런데 그런 경험이 없는 자녀들은 왜 자신은 부모에게 그렇게 해야 하는지 생각하지 못한다.

자녀가 성장하면 어차피 다 자기 길로 간다. 우리는 넓은 평수의 집이 생기면 행복할 것으로 생각한다. 우리는 좋은 차를 가지고 있으면 행복은 싹틀 것으로 생각한다.

그런데 신기한 것은 가진 것이 더 많을수록 그리고 누군가 한 사람의 희생으로 그것을 얻은 것일수록 가족들은 감사를 잊는다. 그저 받는 것에 익숙한 나머지 부모에게 받는 것은 익숙하고 존경은 없다.

3유형의 부모는 자녀 앞에서도 보이는 이미지에 힘쓴다. 8유형의 부모가 자녀들에게도 강한 모습을 숨기려고 하지 않는 것처럼, 3유형의 부모는 괜찮은 척, 있어 보이는 척, 안 힘든 척을 한다.

제일 싫어하는 것은 부모가 자녀에게 실패한 것을 보여주는 것이다. 차라리 아픈 것이 더 낫다는 생각을 한다. 실패했다는 말을 가족들에게 할 수 없다. 그래서 어떤 가장은 실직하고도 매일 똑같은 시간에 일어나 똑같은 시간에 집에 들어간다. 말하지 못한다. 누가 이 사람을 이렇게 만들었고 언제부터 이렇게 되었는가. 이기는 법은 잘 알지만 실패하는 것은 배우지 못했다. 그러다 보니 자녀를 교육할 때도 자녀가 먼저가 아니라 사람들의 이목이 먼저다.

3유형 부모는 자녀에게도 비싼 옷을 입히고 좋은 것을 주고

자 한다. 형편이 되는데 이렇게 하는 것이 무엇이 문제냐고 반문할 수 있겠지만 형편이 되지 않아도 할부로 차는 좋은 것을 몰아야 한다. 부모님이 뭐냐고 물으면 이렇게 말하라고 알려준다. 자녀도 학교에서 집에 관해 이야기하지 않는다.

사람들에게 성공한 인상을 남기려고 하다 보니 너무 힘들다. 누구도 성공하라고 하지 않았지만 성공해야만 살 수 있다고 생각하는 그들의 신념 때문이다. 여기서 말하는 성공은 하나님께서 말씀하시는 길과 다르다. 3유형 부모가 얻고자 하는 것은 세상 사람들이 걷는 넓은 길이다. 그 길의 선두에 앞서고자 하는 것이다.

예수님 앞에 세배대의 아들들의 어머니가 찾아왔다. 그녀는 예수님께 절을 올리고 자기가 찾아온 이유를 말한다. "나의 이 두 아들을 주의 나라에서 하나는 주의 우편에, 하나는 주의 좌편에 앉게 명하소서"(마20:21).

다른 제자들과 같이 있는 상황에서 엄마가 등장했다. 되어가는 일을 보니 이제 자기가 보다 못해 나설 때가 왔다고 생각한 것 같다. 내가 이렇게 말하면 다른 사람이 어떻게 될지에 관한 생각은 없다. 예수님이 돈을 좋아한다고 하면 돈이라도 들고 왔으리라.

아무튼 이 여인의 등장은 모든 엄마의 염원을 대신한다. 우리도 할 수만 있다면 내 자식이 그렇게 한 자리 차지하고 싶은 마음이 있지 않은가. 형편이 된다면, 재력이 된다면, 능력이 있다면 자녀를 위해서 무언가 하나라도 물려주고 싶고 안되면 청탁이라고 하고 싶은 마음이 있는 게 우리네 속내이다. 다만 그럴만한 자리가 없고 능력이나 환경이 되지 않아서 그런 것이 아닌가 싶다.

내가 하는 기도를 보면 나는 이러한 속내에서 빗나가지 않기 때문이다. "내 자녀는 꼭 합격하게 해주시고" 그러면 다른 자녀는 불합격하라는 말인가. 이런 식인 것이다.

내가 신학교에 들어가서 놀란 것은 이런 이유 때문이었다. 신학교에 들어가기 전까지는 하나님의 자녀라는 사실이 나름대로 경쟁력 있어 보였다. 물론 어릴 적 생각이다. 나는 하나님의 자녀니깐 그래도 다른 사람보다는 하나님께 우선적 대상이겠지 하며 유치하지만 그렇게 생각했었다. 모든 게 어리고 신앙관도 어렸다.

당시 내가 오랫동안 들었던 설교는 3유형 스타일이었다. "복 주시옵소서" 나는 이런 말을 들을 때마다 복을 못 받으면 안 될 것 같았다. 복을 못 받는 건 하나님과 문제가 있는 것처럼 느껴졌다. "사업도 잘되게 하여주시고" 물론이다. 사업을 망하게 해달라는 기도는 들어본 적 없다. 그러니 교회에 와서 실패한 이야기를 꺼낼 수가 없었다.

어쩌면 한국교회는 3유형스러운 사람들을 만들었다. 꼭 성공해야 하고, 붙어야 하고, 이겨야 하고. 그런데 신학교에 와서 보니 다 하나님의 자녀였다. 내가 이렇게 기도하는 것이 경쟁력이 없겠구나 하고 생각한 처음이었다. 시간이 지나고 장학금을 받을 기회가 있었다.

교회에서 들은 대로 하나님의 은혜라고 친구들에게 말했다. 한 친구가 내 말을 듣고 기분이 나쁘다는 듯이 맞받아쳤다. 그러면 장학금 못 받은 우리는 하나님의 은혜가 없는 거야 하고 물었다. 처음 알았다. 나는 실제로 그렇게 생각하는 것보다는 습관처럼 이런 식으로 말하는 편이 더 익숙했었다. 그 이후 이런 말을 하지 않는다. 그렇게 생각돼도 말이다.

3유형 부모는 어디에서든지 중요한 사람으로 보이고 싶어 하는 것 때문에 자기가 한 것에 대해 말하는 것을 좋아한다. 티가 나는 자리여야 지갑도 열린다. 예를 들어, 무기명으로 누군가를 돕는 헌금을 하면 헌금하지 않는다. 하지만 내 이름을 걸어 의자를 사거나 누군가를 후원하는 음악회 같으면 지갑을 연다. 동기부여가 훨씬 잘 된다. 그래서 조심해야 한다. 다른 사람은 다 몰라도 하나님은 결코 속일 수 없는 분이시기 때문이다.

3유형 부모가 추구하고 애쓴 성공의 삶은 영원할 수 없다.

사람들이 나를 어떻게 볼까에 치우치지 말고 하나님께서 나를 어떻게 보시는지를 생각해야 한다. 하나님은 있는 모습 그대로를 좋아하신다.

화장해도 나이고, 화장을 안 해도 나이다. 나라는 존재는 바뀌지 않는다. 너무 힘들게 애쓰며 살지 말기를. 그렇게 자기를 파괴하며 성공에 목매달아 사는 삶에는 근심밖에 없다. 더 가지려고 하는 삶은 주님께 등을 돌릴 수밖에 없다.

대신, 내 꿈이 아니라 더 큰 사명을 위해 살아가는 모습을 보여줄 때 자녀들은 함께 할 것이고 당신을 존경할 것이다. 당신이 보여준 것보다 더 많이 말이다.

7. 특별한 부모 4유형

특별하다는 것은 무엇일까. 우리 사회에서 특별한 사람이 된다는 것은 상대적으로 다른 사람과의 관계에서 자신이 느끼는 존재감이다. 나에게는 남들과 다른 무언가가 있다고 생각하는 것이다. 이러한 태도가 정말 동전의 앞뒤 면처럼 비슷하면서도 한 끗 차이가 있다.

주님은 '내 이름'을 주셨다(엡5:15). 이름이라고 하는 것은 그 사람의 정체성이다. 각 사람은 다른 사람과 동일할 수 없는 고유한 정체성이 있다. 그래서 특별하다는 말에는 그 사람만의 독특함(unique)을 인정하고 잘 계발할 수 있도록 도와주어야 한다.

하지만 다른 측면으로는 특별하기에 자기의 우월성만을 강조하면 차이가 차별(discrimination)로 이어질 수 있다는 점을 알고 경계해야 한다.

다른 유형과 마찬가지로 모든 성격에는 긍정과 부정이 같이 들어가 있다. 그래서 어떤 면을 계발하느냐에 따라서 자기 성격을 긍정적으로, 혹은 부정적으로 이끌어갈 수 있다. 에니어그램은 긍정보다는 부정에 더 관심을 기울인다고 할 수 있다.

사람은 노력하지 않아도 긍정적인 부분에 대해서는 자연스럽게 마음을 사용하지만, 부정적인 부분은 숨기려 하거나 인정하지 않으려고 한다. 그래서 성격의 계발이 잘되지 않는 이유이기도 하다.

4유형을 지칭할 때 예술가, 개인주의자, 특별함과 같은 어떻게 보면 비슷해 보이기도 하고 달리 보면 전혀 어울리지 않는 별명들이 사용되는 것을 보게 된다. 그것은 그만큼 4유형을 해석하는 것이 어렵고 다른 유형들로부터 이해를 받기가 쉽지 않다는 것을 여실하게 드러내는 것이라 할 수 있다.

평범하지 않은 4유형은 자신의 삶을 개성 있는 방식으로 헌신하고 매진해 나간다. 남들이 그냥 버리고 가는 재활용을 작품으로 만드는 것처럼 다른 사람이 중요하게 생각하지 않는 부분에 자신들은 중요하게 생각하는 것이 있다.

대화나 독서 모임에서 혹은 연구나 집필, 강의 등을 할 때 남들이 미처 생각하지 못하는 관점을 발견할 수 있고 관계나 감정에 있어서 다른 사람의 불편한 감정을 금세 이해할 수 있는 능력이 있다.

4유형 부모는 '특별하다'라는 자기 이미지를 가지고 있다. 특별하다는 것은 평범하지 않다, 남다르다는 것이다. 자신의 특별함을 유지하기 위해 행동 방식을 바꾸려고 하지 않는다. 고통이나 연민, 감정에서 머무는 상태에 자신을 내버려 둠으로 그것을 즐기는 사람이라 할 수 있다. 저마다의 특별함을 유지하는 방식이 있다.

그리고 어릴 적부터 "내가 누구인지"에 대해 가장 많은 시간을 고민한 사람이라 할 수 있다. 많은 사람이 내가 누구인지에 대해 고민하지만, 특별히 4유형은 내가 누구인지를 깊이 탐구하고 그것에서 비롯된 정체성을 찾기 위해 고군분투하는 사람들이다.

이들이 특별하다고 하는 것은 자신이 누구인지에서 비롯된 것이다. 때로는 고통이나 추억, 사건이나 상황, 자신에 대한 것, 감정 등을 자꾸 떠올리는 이유는 그것을 해석하는 자기 자신과 사건 혹은 감정 등에 있어서 자기됨을 잃고 싶지 않아서다.

많은 사람이 4유형을 예술가로 생각하는 이유는 단순히 그들이 예술적 자질을 가지고 있어서가 아니다. 평범함이 아닌 다른 느낌, 감각을 그들에게 읽히기 때문이다. 그래서 직업적으로 예술가가 아니라고 해도 4유형이 인테리어, 세팅, 디자인, 음식 등, 손을 대면 다른 느낌을 받는다.

4유형을 설명할 때 그들은 다른 유형과 다르게 자기에게 없는 것을 깊이 생각함으로 왜 그것이 자기에는 없는지, 그리고 어떻게 하면 그것을 가질 수 있는지를 생각한다. 거기서 예술성이나 실력을 키우는 동기부여를 받는다. 하지만 반대로 이것이

4유형의 격정인 시기다.

4유형 부모는 시기하는 부모이다. 다른 가정과 형편이 다름에도 불구하고 우리 집에 없는 것을 도무지 이해하지 못한다. 그래서 남들이 힘들게 하는 것보다 자신이 자기를 힘들게 한다. 문제가 있으면 묵상하듯 고통에 대해 생각하기 때문에 감정적으로도 힘들 수밖에 없다.

아침에 인사하고 밥 먹고 잘 보낸 자녀에 대해 누군가 잘못된 정보를 제공하거나 의심하는 소리 등을 부모에게 전달하면 자기가 보지 않았고 자녀에게 묻지 않고서도 진짜라는 생각에 하루 종일 힘들어한다. 실제로 자녀에게 물어보면 별일이 아니거나 누군가의 오해일 수도 있는데 잘못된 정보나 자존감을 무너뜨리는 말들을 들으면 자기의 전 존재가 무너지는 것과 같은 느낌을 받는다.

그래서 4유형 부모에게는 잘못된 신념을 바꿔서 해석해주고 방향을 제시해줄 수 있는 건강한 공동체가 필요하다. 예컨대, 아무도 자기를 이해하지 못한다는 잘못된 신념을 붙잡을 때 자기의 감정이나 사정에 대해 잘 설명하지도 못하고 감정에 머무는 습관이 있기에 말을 꺼내지 못한다.

이렇게 자기 자신을 사람들로부터, 환경으로부터 스스로 차단한 줄 모른 채 살아간다. 불편하지도 않고 자기는 원래 이렇다고 생각해버린다. 부르지 않으면 나가지도 않고 만나려고 하지 않는다.

하지만 건강한 사람들 안에 있으면 그 공동체에서 듣는 이야기가, 해석이 4유형의 독특함을 건강한 방향으로 바꿀 수 있다. 개인에게는 없지만, 공동체의 힘이라고 해야 할까.

4유형 부모가 감정적으로 흔들리고 방향을 잡지 못하고 기웃거리고 있을 때 그 모습을 보는 자녀들은 편안하지 못하고 힘들다. 부모가 자녀를 걱정하는 것이 아니라 자녀가 부모의 눈치를 살피고 보호하려고 한다.

예를 들어, 4유형 부모가 자녀에게 자주 사용하는 말은 "안 해도 돼"이다. 다른 사람들이 다 해야 한다고 알고 있고 그렇게 지키는 것이라고 해도 자기가 빠지는 것에 대해, 혹은 자녀가 빠지도록 유도하는 일에 아무렇지 않다.

규칙 준수에 있어 8유형은 자기는 그렇게 해도 되는 힘이 있는 존재라고 생각하면서 규칙을 무시하고 회의 시간에 늦게 등장하는 반면, 6유형은 질서를 지키면 그 질서로부터 보호를 받지 못할까 봐 걱정돼서 규칙을 잘 지킨다.

반면 4유형은 자기는 특별한 존재이기 때문에 규칙을 지키지 않아도 된다는 자기만의 생각 계산식이 있다. 그런데 자기의 계산방식에 따라 자기는 규칙을 준수하지 않아도 된다고 생각하지만 다른 사람은 이해하지 못한다.

회사생활을 하는 경우 빠질 생각을 하거나 그렇게 해도 된다고 생각하는 사람이 4유형 혹은 8유형이다. 그만큼 규칙 준수에 대해 심각하게 생각하지 않는다. 이것은 빠져도 되는 이유가 있어서라기보다는 자기 내면에서 일어나는 거부 혹은 허용이다.

4유형 부모가 자녀를 불러서 이야기하자고 했다. 자녀가 제일 무서워하고 싫어하는 순간이다. 4유형을 둔 배우자가 대화하자고 하면 주변 가족들은 겁이 난다. 제일 무서운 말이 "솔직히 말해서"로 시작하는 말이다.

4유형은 진실하게 말을 하려고 하는 편이다. 가슴에서 전해지는 언어이다. 그런데 그 솔직함에 다른 사람은 힘들다. 솔직함이 주는 감정의 무게가 너무 불편하기 때문이다. 조금 덜 솔직하게 말해야 한다는 것을 알지 못하기 때문에 무엇이 문제인지 모른다. 그저 자기감정에 충실한 채 말한다.

그런데 4유형은 솔직하게 자기의 감정을 말함으로 마음의 짐을 덜고 문제를 해결하려고 하지만, 다른 유형은 그 솔직함 때문에 감정이 상하거나 왜 이렇게 감정적으로 문제를 대하는지 이해하지 못한다. 4유형은 이것을 진실함이라고 여기기 때문에 계속 이런 식으로 말을 하고 그다음 문제해결로 나아가려고 하지만, 다른 유형은 그들의 감정적으로 반응하는 태도나 행동으로 멀어진다.

약속했지만 마음이 상해서 가고 싶지 않을 때가 있다. 모두에게 이런 순간이 있다. 자녀와 쇼핑하기로 약속을 하고 차에 탔는데 차 안에서 자녀가 하는 말 한마디 때문에 기분이 상했다. 핸들을 돌려서 집으로 돌아가려고 한다. 자녀는 뒤 자석에서 울고불고 난리가 났다. 4유형 부모라면 내가 약속을 어긴 것보다 자녀 때문에 불쾌한 감정이 올라와 당장 집으로 돌아가 쉴 자기 생각밖에 하지 못한다. 이렇게 지금 내 감정만 생각하면 있는 일들이다.

그래서 4유형 부모는 내가 기분에 매달리고 있는지 알아차려야 한다. 4유형 부모는 감정을 다른 유형보다 훨씬 많이 사용하기 때문에 이성적으로 사고하고 행동하는 데 힘을 써야 한다. 그렇지 않으면 자기도 모르게 드라마를 쓴다.

4유형에게 있는 직관력은 자연스럽고 뛰어난 감각이라 누가 지금 어려운지, 어떤 마음인지를 기가 막히게 안다. 이런 공감능력으로 다른 사람의 마음을 만져주고 도와주고 위로할 수 있다. 누구보다 실패에 대해 경험을 하지 않았어도 그 사람의 마음 깊은 곳까지 함께 내려가 울고 웃으며 공감과 연민을 보여줄 수 있는 충실한 상담가처럼 위로할 수 있다. 건강한 상태일 때는 자기의 감정을 가지고 다른 사람을 도와줄 수 있는 내적인 자원이 풍부하다.

하지만 4유형 부모가 가진 장점을 더 나은 방향으로 바꾸어 가기 위해서는 형식(formality)에 순종하는 연습이 필요하다. 순종(obedience)이라는 것은 누군가의 이야기에 잘 귀를 기울이는(ob-audio) 라틴어에서 유래했다. 그런데 순종이라는 것은 복종과 다르게 나의 의지와 감정을 품으면서 자발적으로 따르는 것이다.

4유형이 자기를 찾아가는 여행에는 길잡이가 필요하다. 그 길잡이로 성령님을 추천한다. 성령님의 별명은 보혜사로, 변호해주시는 분, 나를 도와주시는 분이시다(요14:16).

아무도 나를 이해하지 못한다는 말을 4유형이 많이 하는데 그 말이 어쩌면 맞다는 생각을 한다. 나도 나를 모르겠는데 누가 나를 잘 이해할 수 있으랴. 아무리 몇십 년을 키워준 부모라 할지라도 하물며 내가 얼마나 아픈지 알 수 없다. 수술실에 들어갈 때 나를 위해 눈물 흘려주고 걱정해주는 배우자가 있다고 한들 그 두려움은 헤아려줄 수 없다. 그렇다고 그들이 흘린 눈물과 걱정, 안쓰러움이 거짓은 아니다.

하지만 나를 정말 잘 이해할 수 있고 나의 마음을 헤아려줄 수 있는 분이 바로 성령님이다. 그분은 언제나 함께하신다. 그분은 내가 흔들릴 때마다 나를 붙잡아주신다. 내 마음으로 나도 모르게 깊이 빠져들 때 성령님을 초청하고 오늘 하루를 살아낼 수 있도록 기도하라.

그렇게 내가 나에 대해 대항하고 건강한 내가 되기 위해 힘쓸 때 자녀들은 내가 건네주는 깊은 샘에서 떠온 물로 내면이 건강해질 수 있는 아이로 자라게 될 것이다.

8. 똑똑한 부모 5유형

5유형 부모는 검소하고 먹는 것, 자는 것에 대한 욕구가 별로 중요하지 않다고 생각한다. 회사에서 아침마다 시리얼을 먹는 사람이 있었다. 맛있냐고 물어보자 그 사람은 그냥 배만 부르기 위해서 먹는다고 했다. 나는 맛있냐고 물었고 그 사람은 먹는 것에 그다지 의미가 없다고 했다. 이들에게 먹는 것이 큰 관심이 없다는 의미다.

5유형이 가지고 있는 특별한 관심사가 있다면 지식이다. 그들은 아는 것이 힘이라고 종종 생각하고 그렇게 믿고 있다. 그래서 지식을 수집한다. 5유형 부모들과 대화하다 보면 왠지 이들이 나에게 관심이 있는 것이 아니라 내가 가지고 있는 정보에 관심을 기울이고 있다는 것을 알 수 있다.

5유형은 사람에 대한 관심이 적고 사회에서 일어나는 일에도 관심이 별로 없다. 오직 관심이 있는 것이 있다면 자기가 알고 싶어 하는 영역에 해당하는 지식이다. 그래서 5유형 부모는 전문적인 일을 하는 사람이 많다고 할 수 있다.

그런데 5유형 부모가 자신의 욕구를 별로 주장하거나 중요하게 여기지 않는 것처럼, 자녀들에 대한 욕구에 대해서도 무관심하다. 사랑하지 않는다는 말은 아닌데 관심을 잘 두지 못한다는 말이다. 왜냐하면 그들은 기본적으로 사람들과 관계를 맺는 것을 종종 피곤하게 생각하고, 사람들과 관계를 하면 쓸데없이 감정을 소비하게 된다고 생각해서다.

이런 기본적인 태도가 있어서 자녀의 감정도 놓치는 부분이 있다. 자녀에 대해서 안다고 생각하는 것들은 많지만 감정은 읽어주지 못하니 부모가 자신에 대해 관심이 없다고 오해를 받을 수 있다.

5, 6, 7유형은 머리 중심의 에너지를 사용하는데 이들은 공통적으로 어떤 일이 일어날 때 감정이나 몸이 아니라 이성적으로 사고한다. 이성적으로 사고하기 위해서는 어떠한 본질의 원리를 파악하고 그 원리를 이해하기 위해서는 사물의 본질을 관찰해야 한다.

그래서 5유형의 다른 별명은 관찰자이다. 관찰은 다양한 사물 간의 본질을 꿰뚫어 보는 통찰과 같은 것으로 이들은 문제가 발생하였을 때 분석하고 연구하고자 한다. 어디를 가려고 해도 그냥 가는 것이 아니라 다 연구하듯 조사한다.

5유형 부모는 아는 것이 힘이기 때문에 모르고 어디를 간다는 것은 불안하고 힘들다. 알아야 안전감을 느끼고 모르는 곳을 가더라도 최소 몇 달 전부터 그곳에 대한 정보를 수집하고 잘 곳, 먹을 곳, 여행할 곳에 대한 준비를 다 한다. 그래서 자유여

행을 해도 부족하지 않다.

그런데 왜 아는 것을 이렇게 중요하게 생각할까. 그들은 정보가 자신들에게 부(富)와 같은 것이다. 어릴 적에 부모의 도움이 절실할 때 도움을 받지 못하고 종종 방치되었다는 이야기를 5유형들은 한다. 부모가 있었으나 자기는 혼자 자랐다는 것이다. 그래서 처음에 5유형으로부터 이런 이야기를 들을 때 부모가 정말 그랬는가 하며 오해했다. 그런데 실제로 그랬다기보다는 5유형이 그렇게 생각한다는 것이다.

다른 유형과 마찬가지로 5유형이 자랄 때 부모가 그럴 수밖에 없었다는 것을 이해하기보다는 혼자 컸다고 생각한다. 그리고 그것을 계속 붙잡고 있다. 그래서 내가 이렇게 나에게 있는 한정된 자원을 지켜야 한다고 생각하는 것이다. 그러나 이것은 그렇게 생각하는 생각들이다.

성경은 주님께서 집을 지켜주지 않으시면 집을 세우는 사람의 수고가 헛되다고 말한다(시 127:1). 집을 세운다는 것이 건축이 아니라 자신의 지식체계를 고수한다는 의미로 바꿔서 생각하면 공부를 하고 재산을 지키려고 해도 부족하다는 것이다. 이것만으로는 안된다는 것이다.

세상은 내가 생각한 것 그 이상의 일들이 일어난다. 그래서 불안하다. 하지만 주님은 내가 생각한 것, 기도하지 못한 것, 미처 무엇을 구해야 할지 모르는 그런 것들까지도 넘치도록 주신다고 하신다(엡3:20). 이것이 주님을 믿는 묘미이다.

주님은 내가 생각하지 못한 것, 마땅히 구해야 하지만 뭘 구해야 할 줄도 모르는 것들도 주신다는 것이다. 이것이 얼마나 큰 위로인지 모른다. 내 힘만 사용하는 것이 아니라 아버지 되시는 하나님의 힘을 빌어 쓴다. 이것을 배워야 한다.

5유형은 집을 사거나 좋은 물건을 사는 것을 보는 데 대부분 안 쓰고 안 먹고 모아서 사들인 것으로 생각하면 된다. 만약 자녀가 이런 부모를 이해한다면 좋겠지만 그렇지 않은 유형이라면 자녀와 부모 사이는 상당히 갈등이 일어난다.

5유형의 부모는 자기도 부모에게 사랑을 받지 못해서 어떻게 사랑을 해야 할지 모른다고 말하면서 그것을 그대로 자녀에게도 행한다. 내가 모른다는 것이 하나의 무기가 되고 방패가 되어 자녀를 향해서도 그 인색함이 발동하게 되는 것이다. 자녀를 향해서도 일부러 그러는 것은 아니지만 자기도 모르게 인색한 태도를 보인다.

마치 중국집에 가족들이 오랜만에 회식을 하러 갔다. 그런데 맛있는 것을 먹으라고 잔뜩 분위기를 띄워놓고 제일 먼저 자기는 짜장면 하나면 된다고 하는 것과 같다. 가족들은 이번에는 웬일인가 하며 기분이 좋게 외식하러 갔다가 아빠가 그러면 그렇지 하면서 기분 나빠한다.

이렇게 자기에게 한번 들어온 지식이나 재정 등에 대해 인색하여서 사람들과 관계가 어렵다. 문제는 자신은 이런 일에 대해 그렇게 중요하다고 생각하지 않는 것이다.

또한 5유형 부모는 넓은 인간관계보다는 깊이 있는 인간관계를 추구한다. 그래서 몇 사람하고 돈독한 관계를 지내기도 하지만 이들과도 적정한 거리두기를 한다. 5유형 가족이 사는 곳에 놀러 가려고 한다면 미리 간다고 말하고 가야 한다. 그래야 좋아한다.

부모님이 5유형이라고 한다면 무턱대고 친구를 데려왔다가 나중에 혼이 날 수 있다. 5유형 부모는 시간과 공간을 굉장히 중요하게 여기기 때문에 같이 사용하는 공간이라고 할지라도 다 같이 사는 집의 개념보다는 내 집이라는 개념을 갖고 있다. 집은, 그리고 집에서 보내는 시간은 나에게 꼭 필요한 시간이고, 가족이라고 할지라도 그 시간을 침범하면 안 된다고 생각한다.

다른 가족들은 이런 점에 있어 5유형 부모가 불편하고 어렵다. 그런데 5유형을 그냥 짠돌이, 짠순이로 여기지 말고 그들의 마음에 인색함의 근원이 불안에서 오는 것임을 알아야 한다. 그들은 사람들이 자기의 시간과 공간을 통해 빼앗긴다는 잘못된 신념을 가지고 있다.

그래서 시간과 공간을 중요하게 생각하는 것은 그것이 자기를 안전하게 보호하는 경계라고 여기기 때문이다. 그 경계를 잘 지켜주는 것이 그들과 잘 지내는 방법이다.

일반적으로 아이들은 어머니의 자궁과 같은 곳이 구석진 곳, 은밀한 곳, 남들이 모르는 공간을 좋아한다. 그래서 5유형이 아니라고 해도 아이들은 다락방, 베란다, 인디언 텐트 같은 곳에서 노는 곳을 좋아한다.

그리고 사춘기가 시작하면 자기 방에 들어가 나오지를 않고 후드티를 즐겨 입는다. 학교나 버스, 길거리 등과 같은 공공장소에서 후드티를 입으면 모자로 가려진 그만큼의 최소한의 공간은 나만의 공간이 된다. 청소년들이 다른 연령대에 비해 이어폰을 많이 꽂는 이유도 이런 이유 때문이다.

그런데 5유형이 후드티를 입는다고 하면 다른 유형과 다르다. 3유형 자녀가 후드티를 입는 것은 멋있어 보이기 때문이다. 음악하는 친구들은 다 후드티를 입기 때문에 나도 그것을 입어야 한다고 생각한다. 여러 개의 후드티가 종류별로 있다.

하지만 5유형이 후드티를 입는 것은 멋있어 보이고 싶어서가 아니라 내가 후드티를 좋아하기 때문이다. 내가 좋으면 그냥 입는다. 그리고 후드티를 입으면 다른 사람의 주목을 덜 받는다고 생각한다. 멋을 부리려는 목적이 아니라서 한두 개 정도면 돌려

입어도 상관없다.

5유형은 인간관계에 별다른 관심을 두지 않는 까닭에 다른 사람과 거리두기를 한다. 그런데 같이해야 하는 공동의 과제나 프로젝트에서는 반갑지 않은 사람이 된다. 5유형은 나에게 무엇을 하자고 하는 사람도 싫고 나에 대해 알려고 하는 사람도 반갑지 않다. 그러다 보니 자신의 내면으로 깊이 들어가 사색하고 자기가 좋아하는 활동에 몰두한다.

학교 다닐 때를 생각하면 5유형 아이들은 쉬는 시간이 되면 다른 친구들처럼 먹거나 수다를 떨거나 몸으로 부딪치며 놀지 않는다. 그저 자기가 관심이 있는 책을 보거나 그림을 그리거나 조립하는 식의 활동을 한다. 그렇다고 나무랄 필요는 없다. 이 아이들은 혼자 있지만 외롭지 않고 무척 좋아하고 재미있게 시간을 보내고 있기 때문이다. 그러니 부모도 흐뭇하게 바라보고 그들의 시간과 공간을 존중해주면 된다.

5유형 부모는 자신을 노출하는 것, 나를 열어 다른 사람에게 자신을 알게 하는 것을 별로 중요하게 생각하지 않아서 자신에게는 문제가 되지 않을 수 있지만 다른 사람은 그렇게 생각하지 않는다. 이 차이가 크다.

우리가 잘 아는 오병이어 사건(요6:2-13)을 다시 읽으면 재미있는 모습을 볼 수 있다. 예수님은 제일 먼저 빌립에게 어떻게 여기에 모인 많은 사람을 먹일 수 있을지를 물으셨다.

빌립은 명석한 두뇌를 총동원해 최소 이백 데나리온 이상의 떡이 필요하다고 빠르게 계산했다. 하지만 그 좋은 머리를 계산하는 데만 사용했다. 다른 사람을 위해 헌신하거나 배고픈 사람들의 마음이나 질문한 예수님의 의중은 알아차리지 못했다. 그는 머리에서 불가능하다고 결론을 내린 상태라 아무 일도 하지 않았다고 볼 수 있다.

경제 용어 중에 손실회피성(loss aversion)이라는 말이 있다. 쉽게 설명하면 가만히 있으면 손해가 안 난다는 것이다. 아무것도 없던 사람이 누군가 만 원을 주면 행복감이 100이 된다. 그런데 그 만 원을 잃어버리면 아무것도 없던 사람이 0의 상태의 마음을 갖고 끝나는 것이 아니라 자기가 -200의 손해를 봤다고 정서적으로 느낀다는 것이다. 그래서 사람들은 자기가 조금이라도 잃어버릴 것 같은 손해의 상황이 될까 봐 가만히 있다는 것이다.

우리나라 속담에도 "가만있으면 중간은 간다"는 말이 있다. 눈치 보고 있다가 가만히 있다가 누군가 앞장서면 그때 사람들이 내린 결정을 따라가면 손해 보지 않는다는 말이다. 문제는 가만히 있으면 중간되는 세상이 아니라 세상은 변했고 머리로만 하는 사람에게는 기적도, 아무런 일도 일어나지 않는다는 것이다.

예수님이 빌립에게 물으신 것은 기회를 주신 것이다. 계산하는 머리에서 벗어나 다른 것을 바라볼 수 있냐는 시험(test)인 것이다. 움켜쥐면 자기의 것을 지킬 수 있을 것으로 보이지만 자기 이름이 세상에 남지 않는다. 하지만 베풀면 내 것을 먹은 사람에게 내 흔적이 남는다.

내가 혼자 있는 것이 익숙하고 좋아한다고 하지만 자꾸 세상 밖으로 다른 사람에게 베풀고 관계하는데 자신을 노출해야 한다. 내가 감정적인 부분에 관심이 적은 것을 알고 가족들에게도 감정을 표현할 수 있도록 질문하고 다른 사람의 삶을 호기심을 갖고 관련짓는 일을 해야 한다. 이러한 것은 쓸데없는 활동이 아니다.

내 것을 내놓으면 죽을 것 같은데 아니다. 작은 나를 버리면 큰 나(Self)가 된다. 주님은 받는 것보다 주는 것이 복이 있다고 하셨다(행20:35). 이 말씀을 기억하며 자신에게 있는 것을 흘려보내는 삶이 되어야 한다.

9. 믿음직한 부모 6유형

6유형 부모는 다른 어떤 부모보다 안전에 대한 욕망이 가득하다. 그들은 안전에 대한 두려움이 너무 크기 때문에 사회의 규칙, 원칙을 지켜야 한다고 생각한다. 이것은 1유형과 비슷해 보이지만 상당히 다르다.

1유형은 질서를 지키는 이유가 그것이 옳다고 생각하기 때문이다. 옳고 그른 것에 대한 기준이 상당히 내재하여 있어서 옳다고 여기는 신념에 따라 규칙을 준수하는 것이라 할 수 있다. 그래서 겉으로 볼 때는 1유형의 부모와 6유형의 부모가 비슷하게 보이지만 다르다.

6유형의 부모는 세상이 위험하다고 생각하기 때문에 그것을 지켜줄 토대가 사람들이 만든 규칙이고 질서라고 생각한다. 그래서 그 구조 안에서 누리는 것을 확실한 것으로 믿고 규범을 지키려고 하는 것이다.

그런데 다른 부모와 마찬가지로 세상을 안전하지 않다고 생각하기 때문에 별의별 걱정을 다 한다. 그것을 말할 때 자기를 이상한 사람으로 생각할 수 있어서 말하지 못할 뿐 더 심한 걱정을 한다.

6유형은 갑자기 건물이 무너지면 어떡하지, 지진이 발생하면 어떡하지 등의 시나리오가 자연스럽게 떠오른다. 이런 생각 때문에 항상 불안하고 의심한다. 다른 사람이 볼 때 말이 안 되는 것이라고 여기는 심리적 압박감이 실제로 자신들에게는 있다.

그리고 더 중요한 것은 6유형 부모가 가지고 있는 최악의 시나리오가 자녀에게 그대로 전달된다는 것이다. 그래서 모험적인 성격의 자녀이거나 즐거움을 찾는 자녀에게 6유형 부모는 그것을 강하게 저지하거나 이런 생각을 하는 아이를 이해하기보다는 위험한 아이, 자기의 통제에서 벗어나려고 하는 아이라 생각한다. 자기의 문제라고 생각하지 못한다는 것이다.

어떤 아이가 가족들과 같이 바다에 놀러 갔다. 그런데 바다에 들어가서 못 노는 것이다. 이유인, 즉 부모는 아이가 발에 모래가 들어가는 게 싫어서 그런 것이라고 말한다. 그래서 유치원에서 찰흙을 가지고 노는 것도 못 하고, 키즈카페에서 편목나무 조각들이 바지에 들어가는 게 싫어서 잘 못 논다고 생각한다. 그런데 이렇게 말하는 부모의 표정은 편안하고 오히려 그것을 문제라고 생각하지 않는다. 아이는 자연과 친화적으로 사귈 줄 알아야 한다. 모래가 더럽다는 것, 진흙이 옷에 묻으면 지저분하다는 것은 부모가 아이에게 준 해석방식이고 아이는 그렇게 세상을 경험하고 있다.

아이는 아무것도 그려져 있지 않은 백지와 같은(tabula rasa)

상태로 세상에 태어났다. 그림에 아무것도 그려져 있지 않은 것처럼 말이다. 그 위에 아이가 만나는 사람들이 하는 말들로 그림을 그린다. 그중에서도 가장 많은 시간을 함께 보내고 자녀의 그림에 주인공으로 나오는 부모가 전하는 말들은 자녀에게 커다란 영향을 미친다.

가끔 어린아이들이 할 말이 아닌데 아이들이 하거나 아이들이 걱정하지 않아도 되는 말들을 들으면 그 말 뒤에 있는 부모가 보인다. 부모를 만나지 않았어도 부모가 어떻게 자녀를 키웠는지를 알 수 있다.

세상을 지나치게 긍정하는 것도 위험한 일이지만 세상을 지나치게 부정적으로 해석하는 것도 위험한 일이다. 아이들의 인생은 아이들만의 경주(race)가 있다. 아이들이 가야 할 길이다. 부모가 경험한 것이 틀린 것이 아니라 다른 것이다. 아이가 가야 할 길과 부모가 걸어야 할 길은 다르다.

그런데 신기하게 하나님을 믿는 사람들이 6유형이 많다. 자신이 갖는 불안함과 두려움을 다른 유형보다 매일 순간마다 경험하기에 그럴 때마다 자기를 지켜줄 든든한 바위 되시는 하나님이야말로 6유형에게 너무 든든한 존재이다.

성경에 나온 인물들은 이 책이 하나님이 인간에게 주신 거룩한 책이 맞는지조차 의심하게 할 만큼 추악하고 더러운 인간의 모든 민낯을 보여주고 있다. 우리가 읽는 성경에 여실하게 드러나 있는 것은 우리가 사는 세상과 인간이 그만큼 불안전하다는 것을 말해주고 있지만 동시에 그럼에도 불구하고 이런 죄악 된 인간을 향한 하나님의 성실하심, 오래 참으심, 도우심이 하나님의 계획하심대로 계속되고 있음을 보여주고 있다. 하나님은 인간처럼 변덕을 부리거나 사정이 생겼다고 계획을 취소해버리는 일이 없으시다. 그래서 하나님은 믿음직한 바위되신다.

6유형 부모는 계획을 하는 것을 좋아하고 모든 일에 경우의 수를 생각하는 사람이다. 그래서 그들이 결정한 물건을 사거나 추천하는 것은 믿을만하다. 왜냐하면 그들은 훌륭한 분석가이며, 문제를 해결할 준비가 항상 되어 있기 때문이다. 하지만 대부분 사람이 6유형처럼 계획하지도 않으며 예상하는 것을 좋아하지는 않는다.

어떤 6유형 부모는 "그래도"를 입에 달고 산다. 어떤 일을 이야기하면 자기도 모르게 "그래도"를 붙이는 것이다. 좋은 의견인지 알겠지만, 습관처럼 새롭게 하는 일에 두려움이 크다. 그래서 새로운 일을 만드는 것보다는 기존의 하던 일을 보수하고 약간의 변형을 하는 형태를 더 선호한다.

학교에서 운영회의를 할 때나 교회에서 제직회를 할 때 6유형 부모가 말하는 문장은 "그렇게 하면 안 되잖아요"이다. 학교,

교회, 사회는 안전의 모델이 되어야 한다는 생각을 하기 때문에 문제가 발생하면 그것을 권위와 연관을 짓는다. 혹시 불합리한 일이 생기면 6유형의 부모는 의심과 생각이 증폭되어 겉잡을수 없을 정도로 계속 질문한다.

6유형을 충성스럽게 보는 사람들은 그 집단이 추구하는 높은 가치체계를 그들이 신뢰하기 때문에 집단과 반대되거나 개인의 주장을 펼치는 식의 발언을 하지 않는다. 그래서 6유형은 집단의 옹호자, 지지자처럼 보이기도 한다. 간혹 자녀가 해를 입으면 자녀를 먼저 위로하고 자녀의 마음을 헤아리기보다는 집단을 옹호하는 발언을 해서 상처를 주기도 한다.

어떤 자매가 성추행을 당했다. 집 근처에서 일어난 일이라 너무 무섭고 그러잖아도 6유형인 이 자매는 불안해서 약까지 먹을 지경이었다. 그런데 아버지는 무섭다고 하는 자녀의 말을 대수롭지 않게 여기고 다 큰 녀석이 뭘 이런 걸 가지고 그러냐는 식으로 말했다. 자매는 아버지의 말로 집이 안전하다고 느끼지 않게 되었다고 했다. 직장생활을 하는 자매는 돈을 모아 집에서 독립하려고 노력하고 있다.

부모는 불확실한 시대와 경쟁사회 속에서 유일하게 자녀가 믿고 의지할 대상이다. 경쟁에 지쳐서 집에 돌아가면 내가 하는 일이 잘되든 안되든 상관없이 변함없이 내 편이 되어줄 존재가 부모이어야 한다.

자녀가 불안하다고 말할 때 그 말 때문에 같이 흔들리지 말고 버텨내야 한다. 자녀가 부모가 걱정할까봐 말하지 않는 경우가 있다. 종종 회사에서 겪은 일들, 학교에서 당한 어려움을 자녀들이 부모에게 말하지 못하는 것은 부모가 걱정되기 때문이다. 부모는 자녀보다 강해야 한다. 그래야 믿고 의논할 수 있다.

자녀가 부모에게 기대는 것은 실력이 아니라 지혜이다. 해결이 아니라 안정감이다. 새로운 시도에 대한 두려움, 불확실한 미래에 대한 불안은 인간이 죽을 때까지 가져가야 하는 감정이다.

인디언들이 자녀를 키울 때 아이를 데리고 깊은 산속으로 데리고 간다. 그리고 아버지는 아이를 두고 떠나며 하루를 보내라고 한다. 혼자 남은 아이는 자기보다 몇 배로 큰 나무들에 둘러싸여 점점 깊어져 가는 어둠 속에서 울고 있다. 새들이 날아가는 모습이 도망가는 것처럼 보이고 짐승들의 소리가 배고파서 우는 소리로 들린다. 아빠를 아무리 불러도 아무도 없다는 것을 알고 아이는 자포자기한다. 울다 지쳐 잠이 든 아이는 산에서 하루를 보낸다.

그러나 아이는 혼자가 아니었다. 아이의 아버지가 아들의 뒤에서 아들을 지키고 있었기 때문이다. 두려움에 사로잡혀 있으면 짐승들만 보인다. 모든 것이 자기를 위협한다고 생각한다. 그러나 아침이 되면 아버지가 자기 뒤에서 자기를 지키고 있었다는 것을 알 수 있다. 두려움의 가면을 벗고 아침이 되면 아무 것도 아니라는 것을 알게 된다.

두려움은 생명이 있는 한 지속해서 인간이 느끼는 핵심 감정이다. 리처드 범브란트(Richard Wurmbrand)는 루마니아의 공산주의자들에 의해 14년을 감옥에서 지냈다. 그는 끔찍한 순간들, 각종 어려운 일들, 온갖 비극적인 상황에서 성경을 읽으며 두려움을 극복하고자 했다. 그는 성경에 기록된 '두려워 말라'고 적힌 말씀을 세보며 큰 위로를 받았다. 성경에 두려워하지 말라는 말씀이 365번 등장하는데 자신이 살아가는 365일 동안 하나님께서 자신에게 힘을 주신다고 깨닫게 되었기 때문이다.

내가 생각하는 두려움에 먹이를 그만 주어야 한다. 머리로만 생각하는 것은 아무런 도움이 되지 않는다. 그것은 다른 사람을 위하는 것도 아니다. 두려움은 우리의 판단력을 흐리게 한다. 자신이 정말로 잘하는 것이 무엇인지도 모르고 그저 자포자기한 채 주어진 일을 숙명으로 받아들이게 만들기 때문이다.

야곱은 두려움이 많았던 사람이다. 그의 두려움은 6유형이 자연적으로 갖게 되는 두려움과는 다른 의미이지만 그래도 한 평생 살면서 야곱처럼 두려운 일이 많았던 사람도 없다. 야곱은

에서의 장자권을 빼앗은 후 삶이 참으로 고단했다. 자신보다 더한 라반을 만나 아내를 데려오기까지 수없이 많은 일을 해야 했고, 나중에는 딸 디나가 강간을 당하는 사건을 통해 가문 전체가 멸망할 수도 있는 완전한 절망과 두려움 속에서 살았다.

그런데 이렇게 두렵고 고단하고 고통스러울 때 그가 회복할 수 있었던 유일한 방법은 자신을 두렵게 만드는 것들로부터 시선을 떼어 하나님을 두려워하는 것이다. 벵겔(Johann Albrecht Bengel)의 말처럼 야곱은 하나님을 두려워하고 하나님 외의 모든 것은 두려워하지 않겠다는 결단으로 마음을 지켰다. 절망과 두려움에 있으면 하나님이 보이지 않는다.

6유형 부모는 안전과 통제, 집단에 대해 충성과 열심 때문에 하나님을 보지 못하는 일이 없어야겠다. 자신의 연약함을 인정하되 다른 것으로 대체하거나 투쟁하거나 반항함으로 행동하지 않도록 주의해야 한다.

또한 자녀가 무언가를 한다고 할 때 반대하는 것이 정말 아이를 위하는 것인지 아니면 나에게 올라오는 두려움 때문인지를 분간할 수 있도록 분별력이 필요하다. 그렇지 않으면 나는 새로운 일에 부정적인 사람, 혹은 질문만 하는 사람, 걱정하다가 끝나는 사람이라는 또 다른 꼬리표를 갖게 될지도 모른다.

10. 즐거운 부모 7유형

7유형은 사람들에게 재미있는 이야기를 하고 분위기 메이커 역할을 도맡는다. 사람들과 만나는 것을 좋아하고 이 사람이 없으면 안 된다고 주위 사람들도 생각할 정도로 유머러스하고 사람들도 잘 따른다.

아침부터 아이가 먹어야 할 이유식을 챙기고, 분유통에서 분유를 덜어놓고, 기저귀와 물티슈는 챙겨났는지 신경을 써야 할 일이 한두 개가 아니다. 하지만 남편은 깔끔하고 멋지게 옷을 차려입고 거울을 보며 언제 준비가 다 끝나냐고 말한다. 아직도 해야 할 일이 남은 아내는 남편의 평범한 말에도 화가 난다.

그래도 이내 숨을 가라앉히고 남편에게 좀 도와달라고 한다. 알겠다고 대답을 한 남편은 오늘 교회에서 중요한 회의가 있다고 이야기하면서 서둘러 가야 한다고 다시 한번 강조한다. 정신없이 어지럽히며 놀고 있는 아이와 눈을 마주치고 아이가 가지고 노는 장난감을 들어 아이 앞에서 몇 번 흔든 다음 먼저 차 시동을 켜 놓겠다고 말하고 나가버린다. 7유형은 다른 사람에게 인기가 좋은 스타일이다. 그러나 가정에서는 별로 인기가 없다.

7유형 부모는 재미있고 유쾌하다. 새로운 경험, 도전과 시도를 하는 일에 주저하지 않는다. 그래서 사람들은 7유형의 낙관성을 좋아한다. 7유형은 웬만해서 거절하지 않고 분위기를 좋게 만들고 발랄하기 때문에 사람들이 싫어할 이유가 없다. 거기에 일을 달성하기 위해 아이디어도 많고 계획도 잘 세운다.

그래서 얼핏 보면 3유형과 유사한 듯하다. 하지만 3유형과 다른 점은, 3유형은 성공하기 위한 계획이고 그러한 목적을 달성하기 위해서 굉장히 주도면밀하였지만, 7유형은 3유형에 비해 엉성하고 뒷마무리를 잘하지 못한다.

그래서 7유형이 가족에 있으면 다른 가족들이 뒷정리를 해야 하므로 힘이 든다. 다른 사람에게는 매력적인데 왜 가족에게는 인기가 없을까?

7유형 부모는 매력적이고 친밀하게 보이지만 가족 내에서 인기가 없는 이유는 공감 능력이 부족하기 때문이다. 다른 사람에 관한 관심이 상당히 저조하고 오직 자기가 관심을 두는 것은 '나 자신'에게 있고 나 자신이 하는 '경험'에 있어서 불편하거나 갈등이 생기면 더 즐거운 것으로 외면해버린다.

그런데 가족은 공동으로 해결해야 하는 과업이 있고 친밀감은 시간을 필요로 한다. 가족들과 시간을 보내지 않고 밖에서 많은 시간을 보내는 부모는 당연히 인기가 없다.

결혼하기 전 배우자가 모든 이를 위한 디스플레이였다면 결혼 후 배우자는 나에게 주신 선물일 뿐 아니라 개발도상국처럼 발전하고 개발해야 한다. 두 사람은 더 나은 관계가 되기 위해 노력하고 애써야 한다. 또한 관계는 상대를 향한 지속적인 격려와 지지가 필요하다.

7유형이 결혼하기 전처럼 산다면 배우자는 너무 힘들 수밖에 없다. 특히 이들의 자기애적인 성향은 자기에게 시작해서 자기에게로 끝나버리는 것으로, 자기만 생각하는 이기적인 사랑이라 할 수 있다.

내가 먹고 싶은 것은 먹어야 하고, 경험하고 싶은 것, 사고 싶은 것, 만나고 싶은 것은 해야만 한다고 생각하는 것이 가족을 위해 희생하거나 절제하지 않는 모습으로 비춘다.

나이가 70살이 되어도 외출을 하려면 한 시간째 거울 앞에 서 있는 남자가 있다. 거울을 보며 점이 너무 눈에 들어온다고 빼야겠다고 말하자 아내가 이내 소리를 지른다. 남들에게는 말끔해 보이고 멋지다는 말을 들을지 몰라도 아내는 자기만 생각하는 남편이 얄밉다. 젊었을 때 남편보다 나이가 많이 들어 보인다는 얘기를 들을 때도 괜찮았다. 그런데 나이가 들어도 어쩌면 자기가 하고 싶은 대로 하려고 하는지 모르겠다는 말을 아내는 한다.

사업이 망해서 집을 몇 차례 옮겨 다녔다. 가진 것이라고는 빚밖에 없는데 쓰고 다니는 것은 줄어들지 못했다. 그 많은 집에 있는 다른 가족들이 채워야 한다. 집에 가져오는 월급도 없이 아침에 일찍 나가 저녁에 들어온다. 아내는 인형 눈이라도 붙이며 아이들을 위해 뭐라고 하려고 한다. 그러다가도 술이 가득 취해서 들어온 남편을 보고 몰래 남편의 지갑을 열어 보면 몇십만 원이 들어가 있는 것을 보고 속이 상한다. 자식들이 무슨 옷을 입는지, 학교는 가고 있는지 한 번도 물어보는 일이 없다. 아침이 되어 아내가 남편을 붙잡고 묻는다. 무슨 일을 하고 다니냐고, 돈이 좀 있으면 달라고 한다. 남편은 일자리를 알아보러 다니면서 밥도 못 먹고 다닌다고 으레 큰소리를 친다. 아내는 남편에서 본 지갑에 있는 많은 돈이 생각나지만 말해서 뭐 하나 하고 그냥 입을 다문다.

극한 사례이기는 하지만 7유형 배우자는 합리화를 통해 힘든 문제에서 벗어나려고 한다는 것을 알아야 한다. 합리화는 자기가 불리할 때 자기가 한 것이 어쩔 수 없이 그렇게 할 수밖에 없었다고 생각하는 것으로, 자기의 잘못이나 책임을 회피하고자 할 때 사용하는 방법이다.

예를 들어 자신은 잘 먹고 잘 자면서 이것은 내가 일을 해서 가족을 보살피기 위해서 외부 활동을 하는 것이라고 둘러대는 것과 같다.

하지만 가족은 7유형 부모가 아무리 교묘히 둘러댄다고 해도 그 말을 믿지 않는다. 이런 식으로 책임지지 않거나 무관심하게 반응하는 것은 갈등을 증폭시킨다.

자기의 행동에 내재된 문제를 인식하지 못하기 때문에 무엇이 문제냐고 상대방을 비난하게 된다. 그러나 우리에게는 각자의 몫이 있지만, 또한 내가 책임져야 할 사람들이 있다. 스스로에게는 너그럽고 여유롭게 대하며 자기에게는 하나의 잘못도 없다는 것이다.

성경에 유다가 그렇다. 유다는 양털을 깎으러 딤나로 내려갔었다. 그곳에서 매춘부를 찾아 성관계를 맺을 정도로 정욕적이고 탐닉에 빠져 있었다. 그런데 알고 보니 매춘부가 아닌 며느리 다말이었다. 다말의 남편이 죽고 후사를 잇지 못했던 다말이 생각한 꾀였다. 다말이 임신하였다는 것을 알고 사람들이 돌로 쳐서 죽이려고 했다. 유다는 그때까지도 다말인 줄 알지 못했다.

그런데 다말이 유다라고는 하지 않고 동침한 자가 줬다는 도장과 지팡이를 내밀자, 유다는 자기가 다말과 동침하였다는 것을 그때서야 알게 되었다. 상당히 불편하고 인정하기 어려운 상황임이 분명했다. 하지만 유다는 어설프게 핑계 대거나 어떤 이유를 대지 않는다. 대신 이런 말을 많은 사람 앞에서 고백한다. "그(녀)는 나보다 옳도다(창 38:26)."

다말의 잘못을 따지기 전에 자기가 해야 할 책임을 다하지 않았다는 것을 인정했다. 책임을 진다는 것은 사건에 대한 반응(response)을 어떻게 하는지를 의미한다. 모든 일에 내가 책임을 질 수는 없다. 하지만 내가 속한 공동체나 가족에게 어떤 사건이 일어날 때 내 역할을 잘 감당했는지에 대해 살펴보는 것이 책임지는 것이라 할 수 있다.

내가 혹시 이 문제를 회피하려고 핑계 대는 것은 아닌지 살피는 것이다. 그리고 내가 어떤 태도와 반응을 할지를 도망치지 않고 머물러 살피는 것이다. 7유형은 고통을 잊으려고 돌아다니지만 실재를 알지 못한 채 다른 이유를 둘러댄다.

날 때부터 맹인이었던 사람을 예수님이 고쳐주셨다(요9). 당연히 많은 사람들이 이 표적 때문에 예수님을 믿게 되었고 맹인의 부모는 출교당할 정도로 심각한 압박을 받게 된다. 유대인들이 어떻게 해서 눈을 뜨게 되었냐고 묻자 부모는 이렇게 둘러 말한다. "그가 장성하였으니 자기 일을 말하리이다(요9:21)." 아들이 눈을 뜨게 된 것은 기쁘지만 예수님으로 인해 눈을 뜨게 되었다고 하면 자신의 안위가 걱정되어 둘러 말하는 것이다. 오늘날도 부모들이 회피할 때 제일 많이 사용하는 말이다. 자녀가 왜 교회 나오지 않냐고 물으면 다 컸으니 그에게 물어보라는 식이다.

삶의 책임을 진다는 것은 맹인의 부모처럼 세상에서 당할 조롱과 핍박이 무서워서 부인(否認)하는 것이 아니라 구원에 대해 머뭇거리지 않는 태도를 보이는 것이다. 내게 주신 은사와 힘을 절제하고 때로는 본능이라는 것도 포기한 채 지금 내게 있는 가장 중요한 하나(one thing)에 집중하는 일이다. 뿌리와 줄기와 열매가 같이 있어야 건강한 가정이다. 가정에서는 스타(celebrity)가 되기보다 평범한 부모로, 대단한 부모가 아니라도 예수님 믿는 부모로, 자녀 옆에서 예수님을 믿는 부모로 살아가는 것이 훨씬 중요한 일이다.

Part 3.

크리스천 부모가 꼭 알아야 할 9가지 미덕

I. 미덕은 무엇인가요?

에니어그램은 인간에게 있는 9가지 격정과 고착을 말한다. 격정은 인간이 만들어낸 비본질적인 감정이고, 고착은 비본질적인 생각이다. 격정과 고착은 어찌 보면 인간이 세상에서 살아갈 때 어쩔 수 없이 생기는 그릇된 감정과 잘못된 사고방식이라 할 수 있다.

인간은 저마다 다른 환경에서 자기가 가지고 있는 결핍에 대한 욕망을 채우고자 감정과 사고를 통해 격정과 고착을 만들어 내고 그렇게 만들어진 내가 진짜 나 자신이라고 착각한 채 어쩔 수 없다고 신음하며 삶을 살려고 한다.

그래서 격정과 고착은 진정한 내가(trule self) 되지 못하도록 막는 장애물과 같고, 살면서 어쩔 수 없이 부수적으로 생기는 감정이나 사고라는 점에 있어 참 불쌍하고 안타깝다.

에니어그램에서 말하는 격정

유형	1유형	2유형	3유형	4유형
격정	분노	자만	허영	시기
5유형	6유형	7유형	8유형	9유형
탐욕	두려움	탐닉	욕망	나태

그런데 이러한 격정들이 왠지 눈에 익숙하다. 바울서신에 따르면, 하나님나라에 들어갈 수 없는 죄로 음행, 우상숭배, 간음, 동성애, 도둑질, 탐욕, 시기, 술취함, 약탈과 같은 9가지 죄목록이 나온다(고전6:8-10). 그리고 잠언 6장 16~19절은 보다 구체적으로 쓰여있다. 주님께서 미워하시는 것, 주님께서 싫어하시는 것이 예닐곱 가지이다. 교만한 눈과 거짓말하는 혀와 무죄한 사람을 피 흘리게 하는 손과 악한 계교를 꾸미는 마음과 악한 일을 저지르려고 치닫는 발과 거짓으로 증명하는 사람과 친구 사이를 이간하는 사람이다.

이러한 구절들에 근거하여 초대 교부 터툴리안은 일곱 대죄(seven capital sins)라는 용어를 사용했고, 가톨릭에서 칠죄종(seven capital sins)이라고 하는 것은 6세기 교황 그레고리우스(Gregory the Great 1, 540-604)가 규정한 교만, 인색, 질투, 분노, 음욕, 식탐, 나태이다.

인간의 격정이나 고착을 해결하기 위해서는 하나님과 맺는 관계의 차원에서 이 문제를 해결해야 모든 것이 제자리를 찾고 정상적으로 회복된다.

그런데 많은 심리학서들과 자기 계발에서 해결하는 방법은 자신의 격정과 고착을 본인 스스로가 발견하고 인식하고 깨달을 수 있도록 하는 일이다. 하지만 여기까지다. 인간이 깨닫지 못한다면 해결할 수 없고 그 잘못은 개인에게 있다고 할 수밖에 없다. 이런 시스템이 교육, 심리, 사회 등의 전반적인 문제에서 예외 되지 않는다.

하지만 인간이 그것을 깨닫는 것이 부족하다면, 그리고 깨달았다고 하더라도 충분히 깨달았다고 할 수 없다면 어떻게 해야 할까? 안타깝지만 다른 사람은 개인의 문제를 도울 수 있지만 해결해줄 수 없다.

정욕의 문제를, 분노의 문제를, 탐욕의 문제를 해결하고 싶어도 그 문제를 해결할 수 있는 이유가 단순히 인식하지 못해서가 아니라 죄로 인해 기울어진 채 살아가는 경향성 때문이기에 인간은 아쉽게도 옆으로 비스듬히 걸어가는 게(crab)와 같이 죄의 길로 나서고 그 모습으로 살아가게 된다.

하지만 인간이 아닌 다른 존재로부터 도우심을 받을 수 있다면, 그 존재는 인간이 아니어야 하고 인간보다 더 강력하고 힘 있는 존재여야만 가능할 것이다. 기독교는 그 존재를 알지 못하는 신(unknown god)이라고 하지 않고 하나님이라 부른다.

하나님만이 인간의 걱정과 고착으로부터 자유롭게 한다. 하나님은 그를 찾는 자들을 자유롭게 하신다. 죄에서, 관계에서, 삶에서, 문제에서, 질병에서, 죽음에서 인간을 묶어두고 붙잡아 두려고 하는 모든 감정과 생각에서 자유롭게 하실 수 있는 분은 유일하게 하나님 한 분이시다.

그런데 하나님께서 인간을 찾아와 주신다는 데에는 이유가 없다. 우리는 자연적으로 죄 많은 세상에서 걱정과 고착을 부산물로 내며 살아가는 불쌍하고 가엾은 존재이지만 한편으로는 하나님께서 만든 존재이기에 인간은 태어날 때부터 본능적으로 하나님을 갈망한다.

그래서 하나님과 인간의 만남을 통해 인간이 가지고 있는 어쩔 수 없는 부정성은 회복되고 하나님으로부터 지음 받은 존재이기에 하나님께서 주신 순수성을 향해 나아가야 한다. 이것을 기독교에서는 성화(聖化)라고 표현한다.

성화라는 것은 하나님의 자녀가 되었다고 끝나는 것이 아니라 계속 이어지는 과정에 있다는 것이다. 하나님께서 하나님의 사람으로 만들어가시는 배움의 과정, 변화의 과정, 성장의 과정이 있다는 말이다.

많은 책에서 인간의 문제와 원인을 설명하고 있지만 불충분한 이유는 마치 원인을 파악하기 위해 수술을 하려는 과정에서 더 큰 문제를 발견하게 되어 손을 쓸 수 없을 정도의 형편과 같다. 수술할 수 없는 그래서 다시 재봉합할 수밖에 없는, 그런 끔찍하고 아찔한 인간의 상태를 재확인하게 될 뿐이다.

여기서 우리의 고민은 내게 있는 부정성이 어디에서부터 비롯되었는지를 이해하고, 어디를 향하여 나아가야 할지에 대한 분명한 목표를 정하는 것이다.

우리는 하나님의 자녀이다. 자녀를 양육함에도 가장 먼저 기억해야 하고 되찾아야 할 자리는 하나님이 필요한 존재라는 존재론적 부르심을 재확인하는 일이다. 많은 사람이 하나님께 찾아와 기도하고 묻고 구하는 것보다 사람을 찾아서 물어보고 길을 나서려고 한다.

하나님이 능력이 없으신 것이 아니라 하나님의 능력을 구하지 않기 때문이고, 하나님을 찾지 않기 때문에 보이지 않는다. 하나님은 인간의 창조주시며, 막연한 인류가 아니라 오늘 나에게 구체적으로 우리 가정에 말씀하시는 하나님이시다. 그러므로 우리는 에니어그램을 통하여 성화를 위한 영적 노력을 기울일 필요가 있다.

배가 부르면 더 먹을 수 없다. 휴대전화를 충전하는데 100%로 충전이 완료되면 더 채울 수 없다. 마찬가지로 하나님과 접촉(touch)하면 그것으로 충분하다. 정말로 그것으로 완벽하다.

격정과 고착은 인간 누구에게나 있는 부정성이다. 그런데 우리는 말씀을 들으며 수없이 우리가 죄를 지을 수밖에 없는 연약한 자라는 것을 많이 들어왔다. 그래서 일반인보다 더 쉽게 인정하고 미덕을 향해 나아갈 수 있다.

성화를 이루어간다는 것은 인간을 만드신 하나님께로 가까이 나아가는 과정이며, 에니어그램에서 말하는 신성한 사고는 결국 우리가 하나님의 빛 아래에서 어떤 사람이 되어야 하는지에 대한 결론이기 때문이다.

신앙에는 성장, 발달이라는 말을 사용한 지 오래다. 이것은 영혼이 자란다는 것이다. 또한 영혼은 다른 것과 마찬가지로 성장해야 산다. 영은 우리가 없는 것처럼 살아가든 있다고 생각하든 인간 중심의 핵(core)이다. 인간의 영이 지식, 감정, 행동을 통제하고 중심을 차지한다. 그래서 제일 먼저 해야 하는 것이 영과 관련된 일이다.

요한삼서 1장 2절에서는 말하길, "사랑하는 자여 네 영혼이 잘됨 같이 네가 범사에 잘되고 강건하기를 내가 간구하노라"라고 말하면서 인간의 우선순위에 관해 설명하고 있다. '영혼이 잘됨같이'라는 말은 '영혼이 건강한 것 같이', '평안한 것 같이'라는 뜻이다. 이 말은 영혼이 성장에 절대적으로 중요한 역할을 하며, 인간이 성장을 멈추면 자기의 취약함을 따라 격정이 일어난다는 것을 말해준다.

이렇게 중요한 말씀 앞에 특별히 기독 부모를 향하여 주시는 이 시대의 메시지가 있다. 정말 깨어나고 일어나고, 알아차려야 하는 대상은 다름 아닌 부모이다. 크리스천 부모여야 한다. 소중한 자녀, 내 피붙이를 사랑하지 않는 부모가 어디 있을까 하지만 자기 가족을 사랑하는 것은 주님을 전하는 일이다. 주님을 자녀에게 소개하는 일이다.

많은 아이가 공부 때문에 고통당하고 있다. 대적 마귀는 배고파서 먹잇감을 포획하러 다니는 사자와 같이 찾아다니며 삼킬 자를 찾고 있다(벧전 5:8).

정신을 차리지 않으면 이집트의 바로 왕처럼 아이들을 대량 학살하고 포로 삼아 학대와 고역을 시키고, 부모들은 자기들의 안위를 위해 아들들과 딸들을 몰렉신에게 바치는 일이 일을 한다(렘32:35). 그리고 신약시대의 헤롯왕처럼 예수님을 포함해 또다시 많은 아이를 죽일 때 속수무책 당할 수 밖에 없다(마 2:16). 지금은 어떤 방법을 사용할 것으로 생각하는가. 입시의 신, 대학'교'를 믿으며 부모의 자리를 잃고 있다고 생각한다.

아이들은 힘이 없다. 부모가 하라는 대로, 부모가 알려주는 대로 할 뿐이다. 그런데 부모도 아무리 지혜롭고 현명하다고 해도 우리가 알고 있는 것은 항상 부분적이고 매 순간이라서 자녀를 위한다고 조언한 것이 틀릴 수 있다.

정말 깨어나야 할 것은 자고 싶어 하는 아이들이 아니라 부모의 영이다. 시편 57편 8절은 내 영혼아 일어나라, 깨어나라고 말씀하고 있다. 다시 한번 강조하자면 알아차려야 하는 것은 다른 누가 아닌 부모 자신이다.

애굽에서 10번째 재앙이 올 때까지 바로는 정황을 못 알아차리고 있었다(출10:7). 그의 무지가 함께 사는 애굽인들에게 커다란 재앙을 불러왔다. 발람은 자기 앞에서 지금 무슨 일이 일어나는지 몰랐다. 그래서 나귀가 자기가 끄는 대로 가지 않는다고 호되게 매질을 했다. 몰랐기 때문에 그는 하마터면 죽을 뻔했다(민22:34). 호세아 14장 9절에 따르면, 지혜로운 사람은 깨닫는 자라고 하신다.

왜 알아차려야 하는가? 우리가 하나님으로부터 죄로 인해 멀어졌기 때문이다. 본질로부터 이탈했다. 그래서 죄가 죄를 낳으며 우리는 우리가 즐겨 쓰는 거짓의 무기를 갖게 되었다. 이제 거기에서 벗어날 수 있는 길은 하나님과 만남(Divine Connection)뿐이다.

에니어그램에서 말하는 격정과 미덕, 하나님의 성품

	격정	미덕		하나님의 성품
1유형	분노	평온	…	완전하심
2유형	자만	겸손	…	의지
3유형	허영	진실	…	조화로움
4유형	시기	평정	…	근원이심

5유형	탐욕	초연	…	진실하심
6유형	두려움	용기	…	강함
7유형	탐닉	절제	…	지혜
8유형	욕망	순수	…	진리
9유형	나태	행동	…	사랑

격정과 미덕은 인간 의식의 영역이다. 인간이 의식적으로 확장하고 계발하는 것의 영역이다. 인간의 미덕이라는 것은 하나님의 속성으로부터 말미암아 하나님을 닮은 성품이다. 하지만 완전하지 않기에 원제품을 묘사하는 하나의 샘플(a ample)처럼 인간에게 완전한 것은 아니다. 인간은 완전하지 않지만, 하나님으로부터 난 자들이기에 하나님의 속성을 닮은 부분이 있다. 그것이 미덕이다.

하지만 바른 미덕, 완전한 미덕은 하나님께만 속한다. 온전한 삶의 방법은 하나님께만 있는 완전한 영역이다. 미덕이 인간이 계발해야 할 영역이라고 한다면 미덕을 계발하는 과정에서 우리는 인간적인 노력을 통하여는 완전해질 수 없다는 것을 알고, 하나님을 향하여 나아가야 할 것이다. 그것이 신앙이고 신앙생활이다.

팔순이 다 되어가는 어느 권사님은 매일 하는 기도가 있다고 한다. 에니어그램을 배우고 난 뒤, 자기가 안 것은 이렇게 나이가 들어도 여전히 내 뜻대로 하려고 하는 자기의 강함이 불러일으키려고 할 때 그것을 막아달라고 기도한다는 것이다.

사십 대의 어떤 집사님은 마음이 가는 데로 자기감정대로 살았는데 에니어그램을 배우고 더이상 그것의 작동에 따라가지 않도록 기도한다고 했다. 격정은 나 자신을 분열시키고 세상은 나를 비극적 영웅(tragic hero)이 되게 하려고 노력한다.

내가 성공한 사람이 되도록, 내가 다른 사람을 이기도록 쉬지 못하게 만든다. 세상이 나 자신을 향해 말한다. 그러니 불안하고 두려워서 이웃을 바라보지 못하고 경쟁할 대상으로밖에 보지 못한다.

하지만 기독 부모는 에고(ego)에서 자기(self)로 성장하는 데 만족하지 말고, 더 나아가 성화의 과정을 살아가야 한다. 크리스천은 예수님이라는 다리를 건너 하나님의 속성을 닮고 배우고 지키고 아는 변형된 자기(transformation self)로 세상에서 살아가야 한다.

2. 순수한 부모 8유형

8유형 부모의 격정은 정욕이다. 성경에서 정욕을 표기할 때는 뜻 정(情), 욕심 욕(慾)으로 사용하는데 일반적으로 정욕(情欲)이라는 단어와 다르다. 욕심 욕(慾)이라는 한자는 마음 심(心)이 하나 더 들어가 있다.

그래서 정욕은 인간에게 계속해서 발생할 수밖에 없는 욕구(desire)라는 점에서 보편적이고 일반적이지만, 한편으로는 잘못된 것인 줄 알면서도 끊임없이 추구하는 마음에서 일어나는 욕망이라 할 수 있다.

정욕적이라는 말을 듣기에 좀 거부감이 드는 것도 우리가 그러하다는 것을 인정하는 것이 어렵고, 그리고 우리에게는 꼭 그것만 있는 것이 아니라는 생각이 들어서이다.

8유형 부모는 왜 정욕적일 수밖에 없을까? 정욕적인 말이 불편하다면 육체적 혹은 본능적이라고 이해해도 좋다.

8유형 부모가 추구해야 할 미덕은 '순수'이다. 정욕과 순서, 정반대의 대칭적 개념이다. 순수라는 단어를 앞에 두고 한참 고민했다. 어떻게 정욕적인 사람이 순수한 사람이 될 수 있다는 말인가? 이것이 가능하기는 하단 말인가?

그런데 달리 생각해보면, 본능적이라고 할 수 있는 것은 자연스러운 일이다. 먹고, 자고, 본능에 힘을 쓰는 것은 인간에게 지극히 당연한 욕구이다. 문제는 그것이 과도하게 드러날 때 생긴다.

일반적 욕구가 아니라 정욕이 되기 위해서는 몇 개의 특징이 더 추가된다. 정욕적인 사람의 특징은 충동적이고, 과도하게 자신의 욕구에 집착하고, 시각과 촉각 등의 감각을 따르고, 지금 현재만 생각한다. 그래서 그것을 소유하고자 다른 것은 중요하지 않다고 무시해 버리는 것이다.

이것을 아무리 좋게 보려고 해도 좀 불편한 것은 내가 8유형이 아니기 때문일 수도 있다. 하지만 그렇다고 하더라도 본능적인 것은 인간에게 있는 기본적인 욕구이고 욕망으로 그것이 순수하다는 정제된 덕목으로 승화되기 위해서는 우리가 가지고 있는 통제력, 지배력, 물질적인 욕망이 너무 과하게 흘러넘치지 않도록 살피는 일이여야 할 것이다.

어떤 사람이 순수한 사람인가? 꾸미지 않는 사람, 숨기지 않는 사람 등 여러 의미로 자기의 수준과 상황에 따라 다른 답변이 나올 수 있을 것이다.

그러나 8유형에게 순수라는 것은 그런 순수 자체의 의미보다는 비전(vision)이 이루어지도록 힘을 사용하는 것(empowerment)이다.

8유형은 자기 힘으로 얻으려고 살았다. 남들에게 부담스럽게 느껴지는 강함, 통제력, 리더십 있어 보이는 모습들은 그들 자신이 불안하고 두렵다는 것을 반증해주는 셈이다. 자기의 모습 그대로를 보이는 것이 어려운 것은 그렇게 하면 자기가 무너진 것 같고 사라진 것 같다고 느껴지기 때문이다.

하지만 비전을 따라간다는 것은 중심이 되는 목표가 있다는 말이다. 가난한 사람들의 어머니라고 불리는 테레사 수녀(Mother Teresa of Calcutta)는 어떻게 가난하고 병든 사람들을 위해 자신의 삶을 희생할 수 있었을지를 생각해보자.

테레사 수녀는 인간이 가지고 있어야 할 가장 본질적이고 기본적인 먹는 것에 관심을 기울인 사람이다. 자기가 부족하다고 생각하는 것에 관심을 두고 그것을 해결하려고 할 때 건강한 힘이 나온다.

세계 곳곳에서 사역하는 선교사들의 삶은 또 어떤가. 이분들은 어떻게 평생 자기와 상관이 없는 사람들을 지원하고 돌보고 보호하고 사랑할 수 있는가. 이들이 보여주는 모습은 8유형이 건강한 방향으로 나아갈 때 발견하는 모습들이라 할 수 있다. 자기를 보호하지 않고 다른 사람을 위해 자기의 힘을 사용할 때 건강하게 다른 사람을 살리는 삶을 살 수 있다.

어린 시절 가난하게 자란 한 사람이 있다. 먹어도 뒤돌아서면 배고픈 그런 학생의 때가 있었다. 남자 형제만 3명인지라 어머니가 아무리 밥을 많이 해 놓고 찌개를 한 솥을 끓여 놓아도 한 끼 먹으면 다 사라질 정도였다. 냉장고에 맛있는 게 혹시라도 생기면 조금 있다 저걸 먹어야지 하고 냉장고를 열면 항상 없었다고 한다. 누가 먹었냐고 해도 소용없는 일이었다.

결혼하고 제일 먼저 하려고 한 일은 냉장고를 채우는 일이었다. 잘 먹지도 않으면서 마트에 장을 보러 갈 때면 그렇게 욕심을 내고 집어넣는다. 배우자는 이해를 하지 못했다. 당사자도 자기가 왜 이렇게 하는지 몰랐다. 장을 본 음식들과 과자들을 냉장고에 가득 채우고 나면 먹지 않아도 배부르다고 했다. 썩어서 버리기 일쑤이고 먹지도 않은 음식을 도대체 왜 사는지 모르면서 이런 행동을 반복했다.

그는 어린 시절 결핍에서 생긴 욕망을 채우려고 하는 것이다. 우리에게는 결핍이 생기면 그것을 취하려고 하는 욕망이 생긴다.

에서는 야곱에게 속아 장자권을 판 것이 아니다. 엄밀히 말하면 에서는 물질적인 사람이라 눈에 보이는 팥죽이 더 중요했다(창25:34). 그렇게 보이지 않는 영적 계보보다 눈에 보이는 것을 우선으로 여기면 후회할 일이 생긴다.

아브라함의 조카 롯이 선택한 땅도 얼마나 보기에 좋아 보였으면 여호와의 동산과 같다고 할 수 있었을까(창13:10). 정욕은 비전을 잃어버린 사람의 행위이다. 눈에 보이는 것을 따르면 보지 못하는 맹점(blind spot)이 있다. 이것만으로는 불충분하다.

다윗은 법궤를 안치할 때 다른 사람의 시선 따위는 중요하지 않았다. 더 높은 가치를 따를 때 모시로 만든 옷이라고 해도 눈치 보지 않게 된다. 심지어 왕이 춤을 추고 있다. 그냥 좋아서 가볍게 뛰는 것이 아니라, 주님 앞에서 온 힘을 다해 힘차게 춤을 추었다(삼하6:14).

이스라엘의 왕인 다윗은 지금 왕이 아니라 한 사람으로 서 있다. 이런 모습이 순수한 사람의 모습이다. 반면 밧세바를 가지기 위해 수단과 방법을 가리지 않는 다윗의 모습은 어떠한가(삼하11:4). 너무 이질적이고 이상하지 않은가. 같은 사람이라고 하기에는 너무 이상해 보인다. 이것이 다윗의 모습이고 우리의 모습이다.

8유형 부모는 가정 안에서도 리더십을 발휘하려고 해서 다른 가족들은 어쩔 수 없이 8유형 부모의 뜻을 따라 움직인다. 가족들이 왜 그렇게 수동적이고 아이디어가 없냐고 소리를 지르는데, 실은 어떤 말을 해도 자기 욕구가 강한 8유형에게 그것이 들어가지 않으리라 생각해서다.

강자와 약자 구조로 가정에서도 생각하기 때문에 화를 잘 낸다. 그래서 가족들이 8유형 부모와 잘 대화를 하지 않는 것은 이상한 일이 아니다.

또한 8유형은 감정에 무뎌서 자기가 화내는 것은 정당하고 다른 사람이 자기가 낸 화 때문에 마음이 상하는 것을 잘 이해할 수 없다. 때때로 정곡을 찌르고 가족에게도 아픈 말을 할 수 있는 것은 그 어떤 사람도 사물처럼(it) 대하는 자세 때문이다. 그래서 의사소통이 가정 안에서 잘 이루어지지 않는다.

그런데 자녀가 힘들다고 얘기를 하면 그것을 공감해주고 헤아려주는 것이 아니라 약하다는 생각이 먼저 들어서다. 8유형 부모가 제일 어려운 것이 연약함을 인정하는 것인데 자녀가 어렵다고, 힘들다고 하면 그것을 받아들이는 게 쉽지 않다는 말이다.

그래서 정말 어렵게 8유형 부모에게 찾아와 자기의 마음을 열었다가 도리어 큰 상처를 받고 자녀가 떠나는 경우들이 생긴다.

하지만 때때로 8유형 부모는 가족들이 자신으로 인해 어려움을 당했다고 이야기하면 깜짝 놀란다. 그런 일이 있었는지에 대해 처음 듣는 이야기인 것처럼 반응한다. 이런 모습에 가족들은 또한 당황하게 되는데 이것은 8유형이 가지고 있는 부정(denial)이라는 방어기제 때문에 그렇다. 실제로 일어난 일들에 대해 그대로 받아들이면 자기가 너무 힘들기 때문이 아니라고 하는 것이다. 이것이 부정이다.

8유형 부모는 가족과 좋은 관계를 하고 싶어 한다. 이것이 가능해지려면 우선 자기 자신에 대해 알아야 한다. 내가 사람을 대할 때 강자와 약자 프레임으로 보는 것은 아닌지 말이다. 우리는 누구나 아기로 태어났다. 그리고 지금처럼 힘이 있을 때가 있지만 언젠가 노인이 되리라는 것을 안다. 그것은 우리가 밀어낼 수 없는 것이다. 예수님은 우리가 아이가 되어야 우리를 만져주실 수 있다(막10:13). 제자들과 수많은 사람 가운데 예수님께서 중심으로 세운 사람은 아이였다.

나의 힘을 조절해야 한다. 힘을 줄 때와 힘을 주지 않을 때를 연습해야 한다. 사람들이 자기의 약함을 이야기하는 것은 우리에게 있는 힘을 빼앗아가는 것이 아니고 또한 무언가를 도와달라고 하는 것이 아니다. 그저 들어달라는 것이다. 해결책을 만들어달라는 것도 아니다.

서로의 약함을 이야기할 때 우리는 그 안에서 연대하게 되고 사람들은 강해 보이는 8유형에게 있는 인간적인 모습을 발견하게 될 것이다. 예수님은 이 땅에서 살아간 모든 인간 가운데 가장 완벽한 힘을 가진 분이시다.

그러나 그분도 12명의 제자와 함께하셨다. 무슨 일을 할 때

독단적으로 하지 않으셨다. 명령하거나 말을 짧게 하지 않으셨다. 예수님의 말 한마디면 알아서 해야 할 것 같은 분위기를 연출하지도 않으셨다. 심지어 자기를 배신한 제자들을 응징하고 복수하기 위해 찾아가지 않으셨다. 이보다 더 좋은 예는 없으리라 생각한다. 이것이 순수이다.

본래의 내 모습을 찾아간다는 것은 자기의 본능을 무시하거나 미워하는 것이 아니다. 에베소서 5장 29절의 말씀처럼 언제나 자기 육체를 미워하지 않아야 한다는 것은 무엇인지 생각해보자. 하나님은 나에게 힘을 주셨고 그 이유는 나에게 맡기신 일이 있어서이다. 그 일을 찾아 힘을 사용할 수 있기를 바란다.

3. 행동하는 부모 9유형

충격, 문제, 갈등 상황이 오면 9유형 부모는 잠을 자는 것과 같은 상태가 된다. 누가 억지로 깨우면 엄마 때문에 밥 한 입 먹어준다고 입을 벌리는 것처럼 나태라는 것은 게으름이 아니라, 지금 나에게 무슨 일이 일어나는지에 대한 주의를 기울이지 않는 것이다.

부모에게 혼이 난 9유형은 표정이 변하지 않아 기분이 좋은지 나쁜지 알 수 없다. 배우자가 9유형이면 싸울 때 아무 말 하지 않는 태도 때문에 더 화가 난다고 말한다. 한마디로 9유형 배우자와는 싸움이 안 된다. 왜 이렇게 말을 하거나 자기의 요구를 꺼내는 것을 어려워할까? 이것이 9유형이 제일 어려워하는 것이다.

모든 것에 가라앉아 있다. 배가 자초된 것과 같은 상태이다. 배가 물속에 잠기면 배안에 있던 모든 것이 같이 물에 잠긴다. 9유형이 상황을 바라보는게 이와 같은 시선이다. 자기만 가라앉은게 아니라 자기의 모든 것이 같이 잠겼다.

그러니 우선순위를 정하는 것이 너무 어렵다. 다른 사람이 볼 때 9유형이 우선순위를 정해서 물에서 빠져나와야 해야 할 일이 있다고 생각한다.

9유형을 보는 다른 사람들은 종종 일을 맡겼는데 어떻게 됐냐고 확인하며 짜증을 내는데 9유형은 자기에게 왜 화를 내는지, 다급하게 재촉하는지조차 이해하지 못한다.

9유형 부모가 나아가야 할 성숙한 방향은 행동하는 것이다. 여자들이 엘리베이터를 탔다. 한참 대화를 나누며 거울을 본다. 한참이 지나도 엘리베이터가 움직이지 않는다. 고장이 난 건가 싶어 대화를 멈추고 엘리베이터를 쳐다본다. 그 자리다. 이유인즉, 아무도 엘리베이터 버튼을 누르지 않아서다. 누가 대신 눌러줬을 것으로 생각하고 휴대전화기를 보거나 화장을 고치느라 거울을 보고 있어서 그 자리에 멈춰 있었다. 인생도 마찬가지다. 자동 엘리베이터는 없다. 내가 누른 곳에 가는 것이다. 누가 눌러주기를 바래서는 안 된다.

아담에게 하나님은 에덴동산에서 동물들과 새들의 이름을 지으라고 하셨다(창2:19). 하나님은 궁금하셨다. 아무것도 일할 필요 없어 보이는 에덴동산에서도 무임승차는 없다. 하나님은 아담이 이름을 지으라고 하실 때 그것과 관계하라고 하신 것이다. 내가 이름을 짓지 않으면 그것들은 나와 상관없는 것이 되기 때문이다.

8유형은 건강을 잘 돌보지 않는다. 그래서 잘 먹고 잘 쉬도록 해야 한다. 1유형은 노는 것을 잘 모른다. 그래서 같이 놀아

줄 친구들이 필요하다. 좋아하지 않더라도 말이다. 9유형은 내 욕구를 잊어버린 상태이기 때문에 자꾸 물어봐 줘야 한다. 오래 걸려도 메뉴를 고를 때 기다려주고 무엇을 원하는지 자꾸 물어 보면 그 사람이 원하는 게 나온다.

동물의 이름을 짓는 아담을 상상해보라. 때로 하기 싫은 일을 맡아야 할 때 관계 때문에 하겠다고 한 것이기 때문에 9유형이 보이는 반응은 이런 것이다. 말을 아예 안 하거나, 한다고 하고 다른 것을 먼저 한다. 혹은 고집부린다.

9유형의 고집은 대단하다. 한번 고집을 부리면 잘 물러나지 않는다. 그들이 에너지를 행동(장)에 쓰는 이유가 있다. 이럴 때 내가 지금 어떤 상태인지를 알아차리기란 쉽지 않다. 그래서 함께 동반자인 가족들은 전환(shift)해줄 수 있어야 한다. 하나에 빠진 그들을 다른 것으로 전환하는 것이다.

예를 들어 같이 산책하러 나가거나 해야 할 일을 같이 도와주는 것이다. 번거로운 일이기는 하지만 계속 물어봐 주는 것도 포함된다. 오늘 이걸 한다고 했는데 잘 되고 있는지 묻는 일이다.

하지만 물을 때 체크리스크 대화법을 사용하지는 말아야 한다. 체크리스트(checklist)는 했는지 않았는지를 살피는 것이다. "이걸 했니, 안했니" 식으로 접근하면 더 깊은 물 속으로 들어가 버린다.

9유형이 건강한 방향으로 성장하려면 3유형이 목표를 세우고 행동하는 것처럼 참여하는 일이다. 그러나 한 번에 다 되지는 않을 것이다. 그래서 이런 표지판이 필요하다. "9유형 부모는 현재 공사 중입니다. 하지만 조금만 기다려주시면 멋진 건축물이 나올 거예요."

9유형 부모에게는 기상 알람을 통해 자리에서 일어나듯, 자기를 알아차리는 것이 의식적으로 필요하다. 순간적으로 물을 마시기 위해 알람을 설정하듯 해야 할 일은 무엇인지 살피고, 나의 필요는 무엇인지를 미루거나 모른 척하지 않도록 영적 깨어남의 알람이 필요하다.

엘리 제사장은 40년 동안 이스라엘의 사사였다. 그러나 그는 말년에 뚱뚱해서 의자가 뒤로 넘어져 목이 부러져 죽었다. 그가 뚱뚱했다는 것은 단순히 신체적인 특성을 말하는 것은 아니다. 그는 오랫동안 이스라엘 사람들에 대해 반응하지 않았다. 사무엘이 하나님 앞에서 민감하게 반응하며 산 것과는 다른 삶이었다. 자녀들에 대한 악행이 들려와도 대수롭지 않게 생각했다. 이런 식의 삶은 하나님과 사람에게 아무런 영향을 미치지 못한다.

혹시 내가 부모의 의무만 있고 하나님의 대리자로서 자녀와 함께 하나님을 찾고 하나님을 찬양하고 부지런히 반응하는 역할을 잘 감당하고 있는지 살펴봐야 한다.

바울이 말씀을 전할 때 유두고라는 한 청년이 있었다. 그는 무슨 일에서인지 깊은 잠에 빠졌다(행20:9). 그리고 잠을 이길 수 없어 3층이나 되는 높은 곳에서 떨어져 죽었다. 물론 그는 죽었다가 다시 살아났다. 하지만 이것을 통해 9유형 부모는 두 가지를 배울 수 있다.

첫째는 유두고가 잠을 이길 수 없었던 것처럼 내 힘으로는 도저히 잠자는 상태에서 벗어날 수 없다는 것이다. 그래서 나와는 다른 존재의 도움이 필요하다. 죽은 유두고를 살리시고 깨어나게 하신 분은 하나님이시다.

둘째로 유두고처럼 우리도 신앙의 자리, 말씀의 자리에 있으면서 깊은 잠에 빠져 자고 있다는 것을 알려준다. 교회에 와서 실제로 자고 있는 사람을 말하는 것만은 아니다. 물론 예배 시작이 핸드폰 작동을 하는 시간으로 여기는 사람도 있다. 이것도 자는 행위이다. 나는 그래서 아예 핸드폰을 만지지 않으려고 한다. 성경책을 가지고 다니는 이유도 예배에 집중하기 위해서다. 내가 자지 않더라도 다른 상상이나 활동을 예배 중에 하고 있다면 그것 역시 자고 있는 증상이다.

9유형 부모는 깨어나는 것을 배워야 한다(Learning to wake

up). 에덴동산도 무료 급식처가 아니라고 했다. 일하고 경작하는 수고가 있는 곳이고 내가 가꿔야 할 식물과 이름을 부르고 관계를 맺어야 할 동물들이 있다.

또한 9유형 부모는 자신부터 먼저 생각하는 것에 대해 노력해야 한다. 물에 잠겨있다면, 거기서 먼저 빠져나와야 하는 것은 나이다(I'll go first).

비행기를 타면 이륙 전 위급할 때 산소마스크를 사용하는 법에 대해 설명해준다. 동승자가 같이 있더라도 먼저 산소마스크를 착용해야 할 사람은 나라는 것을 알려준다. 자녀와 같이 있어도 나부터이다. 노인과 같이 있어도 나부터이다. 왜 그런가. 나 자신부터 챙겨야 모두를 살릴 수 있기 때문이다.

성경에는 술 취하지 말라(엡5:18)는 말씀이 있다. 무언가에 취해있으면 자기 주도권을 상실하게 된다. 내가 발로 밟고 있는 현실 세계에서 나는 무엇을 하고 있는지를 살펴야 한다. 그것이 나의 길이다. 내가 자녀에게 보여줘야 할 나의 길(my way), 나의 고백(my confession of faith)이 필요하다.

4. 평온한 부모 1유형

아침에 눈을 뜨고 뉴스를 본다. 온통 세상이 잘못되어가고 있는 것 같다. 아침부터 화가 난다. 자녀를 차에 태워 데려다준다. 교복은 왜 이렇게 짧은지 헤어스타일도 그렇고 학생답지 않다. 맘에 안 들지만 싸울까 봐 말하지 않는다.

운전하면서도 계속 핸드폰만 보고 있는 아이가 마음에 안 든다. 요즘 애들이란 인사를 하는 둥 마는 둥 차에서 내리는 자녀를 보고도 하고 싶은 말이 많지만 참는다. "잘 갔다 와." 겨우 인사를 하고 회사로 간다. 부모 노릇 하기 정말 어렵다.

1번 부모가 사는 집에 놀러 간 적이 있다. 편하게 있으라는 말과 달리 화장실에서 손을 씻고 왜 주변을 정리하지 않았냐고 자녀에게 말하는 소리를 들었다. 내가 그런 것 같은데, 어떻게 해야 할지 모르겠다. 신발을 가지런히 놓지 않은 것 같다. 속이 불편하다. 나에게 그렇게 하란 적은 없지만, 왠지 나도 그렇게 해야 할 것 같다. 밥을 먹을 때도 조용히 먹어야 할 것 같고 자세를 바르게 앉아야 할 것 같다. 괜히 왔다는 생각이 든다. 물론 1유형 부모가 깨끗하다는 것을 말하는 것은 아니다. 여기서 중요한 것은 자기가 만들어놓은 기준에 대한 것이다.

1유형 부모가 그리는 그림은 '완벽함'이다. "우리는 완벽해야

해." 그러나 어디 완벽한 사람이 있을 수 있으랴. 나도 불가능하고 너도 불가능하다. 그래서 누구에게도 그것을 요구할 수 없다. 하지만 생각과 다르게, 내가 가지고 있는 '바르다'는 생각을 포기할 수 없다.

하나님은 신기하게도 완벽을 추구하는 부모에게 철저히 그 기대를 깨뜨리신다. 완벽한 부모에게는 완벽하지 않은 자녀를 주시고 그 반대의 경우도 마찬가지다. 이렇게 자녀를, 부모를 주신 이유는 가족만큼 훈련을 잘 할 수 있는 선생도 없기 때문이다.

1유형 부모는 이상적이고 지향하는 바가 분명하다. 그런데 그것을 추구하는 방식에 왠지 모를 짜증과 분노가 서려 있다. 그래서 부모의 의무를 다하려고 하는 책임감 강하고 훌륭한 모범을 보여줄 수 있지만, 문제는 가족들이 그에게 사랑을 못 느낀다는 것이다.

사랑은 자녀가 원하는 방식이어야 사랑을 느낀다. 사랑은 내가 주고 싶은 방법이 아니라 상대가 받고 싶고 이해가 가능한 방법이어야 한다.

나의 어머니는 내가 고등학교에 다닐 때 새벽 4시 30분에 일어나 밥을 해주셨다. 나는 5시에 겨우 새 주둥이만큼 보일락 말락할 만큼의 실눈을 뜨고 입은 전혀 열지 않은 상태였다.

하지만 어머니는 밥을 먹지 않으면 학교를 보내지 않으시겠다고 하며 무슨 맛인지도 모르겠는 밥 한 그릇을 쫓아다니며 먹이셨다.

나는 그게 정말 싫었다. 그저 몇 분이라도 더 자고 싶었다. 우리 어머니는 자기가 좋아하는 방식으로 사랑을 표현했다. 가난한 시절 하얀 쌀밥은 귀한 손님이나 아버지를 위한 것이었다고 한다. 그렇게 새벽부터 도시락 2개 싸서 가는 딸을 위해 어머니가 해주는 것은 갓 지은 밥이었다.

하지만 고등학교 시절 나는 그것을 어머니의 사랑이라고 느낀 적이 단 한 번도 없었다. 몸에 안 좋더라도 나는 라면이 더 좋았고 비싼 스팸보다는 밀가루 맛이 나더라도 아이들이 많이 싸 오는 분홍 소시지가 좋았다.

그래도 어쩔 수가 없었다. 부모님이 그것을 옳다고 결정하셨기 때문에 그것을 먹어야 했다. 학교에 가기 위해서는 말이다. 부모님의 방식이 나쁘다는 것이 아니다. 그 방법에 대해 말하는 것이다.

1유형 부모의 머리에는 모델하우스가 한 채씩 들어있다. 모델하우스를 방문해 본 사람들은 알겠지만, 평수만 차이가 있을 뿐 대부분 비슷한 모양이다. 그래서 우리가 다른 집에 가서도 화장실을 어색하지 않게 찾을 수 있는 건 비슷해서다.

거실에는 TV를 놓도록 단자가 나와 있다. 안방은 화장실이 딸려있거나 그렇지 않더라도 가장 큰 방을 안방이라 부른다. 작은 방은 아이들이 사용한다고 생각한다. 모델하우스를 방문한 사람은 집이라는 것은 저래야 한다고 생각한다. 그래서 비슷하게 자기 집을 만든다.

1유형 부모가 생각하는 모델하우스라고 하는 것은 이상적인 가족상, 세상, 회사, 나 자신이라 할 수 있다. 모름지기 따라야 할 규칙이 있다. 정해진 것들이 분명하다. 그런데 이런 곳에는 재미가 없다. 모든 집이 깔끔하게 꾸며있다. 이런 집에는 들어가고 싶지 않다.

우선 이러한 사고에 변화를 주기 위해서는 몇 가지 사실이 필요하다. 첫째, 이상적인 것, 완벽한 것은 없다. 교회도 그렇다. 교회는 성인이 아니라 죄인들이 모인 곳이라는 것을 기억할 필요가 있다. 모든 아픈 자들이 예수님을 찾으러 오는 것이다. 둘째, 나는 그렇게 생각하지만 내가 말하는 기준도 변하는 일시적임을 알아야 한다. 내 생각도 변하지만, 진리라고 믿는 것도 시대마다 문화마다 나라마다 상대적이다. 셋째, 내가 주장하는 것과 다르게 나도 완전하지 못하다. 내가 완벽해지려고 할수록 나는 더 실패할 것이다.

세상의 옳음을 추구하다 보면 친구가 없다. 1유형이 자주 사용하는 말은 내가 이렇게 살 사람이 아닌데 말이다. 그런 눈으로 자신과 타인을 보면 이해할 수 없는 일 투성이다.

예수님은 우리와 같은 죄인을 향해서도 친구 되어 주셨다. 세리와 죄인들의 친구이며(마11:19) 종이 아니고 친구라 하셨다(요15:15). 예수님은 8유형처럼 공격적인 언행이나 9유형처럼 일이 생길 때 모른 척하지 않으시고 1유형처럼 너무 많이 가르쳐서 피곤하게 하지 않으셨다. 그저 같이 다니며 보게 하시고 듣게 하셨다. 말하는 것보다 경험하게 하는 것으로(learning by experience) 배우게 해야 한다.

1유형 부모는 높은 도덕성을 가지고 있다. 하지만 부모의 역할은 그저 자녀들이 어떻게 했는지 보게 하면 된다. 말하지 않고 가르치지 않고 보여주는 교육이 더 큰 영향력이다.

1유형 부모와 같이 있으면 다른 가족이 긴장한다. 그래서 1유형 부모가 나아가야 할 미덕은 평온이다. 평온, 세레니티(serenity)는 마음의 평화(peace of mind)에서 온다. 아무 일이 없는 것이 아니다. 회사에 일이 없는 게 아니다. 가게에 문제가 없다는 것이 아니다. 집안이 조용한 것이 아니다. 다만 마음이 평온한 상태를 의미한다. 부모의 마음이 평온할 때 자녀는 자란다. 부모가 평온하지 못하면 아이가 불안해한다.

학교에서 체육수업을 하려면 양말을 벗어야 했다. 그런데 유독 한 아이는 양말을 못 벗는다. 바닥이 미끄러워서 넘어질 수 있어서 양말을 벗어야 하는데, 양말 벗으면 큰일 난다고 생각한다. 이상하지 않은가? 10명이 넘는 아이들은 아무렇지 않게 벗는데 한 아이만 못 벗는다. 부모가 학교가 더러우니 벗지 말라고 했다는 것이다.

부모가 자녀에게 주는 것은 생각보다 많다. 하나를 너무 주장하다 보면 다른 것은 생각할 수도 없고, 얻을 수도 없다.

중풍병자의 친구들이 예수님을 만나기 위해 지붕을 뜯었다(막 2:4). 1유형 부모가 생각할 때 이것은 불가능한 일일 것이다. 남의 집을 뜯는다니, 있을 수 없는 일이다. 그런데 그렇게 생각하면 아무 일도 일어나지 않는다. 더 중요한 것이 무엇인지를 생각해야 한다.

1유형 부모가 마음의 평온을 찾기 위해서는 몸의 긴장을 완화해야 한다. 나도 모르게 긴장한다는 것을 알고 이완할 수 있도록 몸을 휴식해야 한다. 긴장하지 않는 방법은 완벽하게 무언가를 하지 않는 것이다. 매일 빠지지 않고 해야 할 것을 하는 것보다 좋아하면서 그 일을 할 수 있도록 천천히 하는 것이다.

또한 기억해야 할 것은 당신은 완벽하지 않고, 세상도 그렇다. 상대방도 완벽하지 않다. 그러므로 고치려고 하지 말고 받아들여야 한다.

맞벌이하는 부모님을 위해 중학교 2학년인 한 아이가 청소를 열심히 했다. 진공청소기도 돌리고 물티슈로 바닥도 닦았다. 부모님에게 칭찬을 받을 것이라 생각했다. 저녁을 먹을 때까지도 부모님이 아무 말을 하지 않았다.

그래서 이 아이가 뭐 달라진 거 없냐고 물었더니 집이 이게 뭐냐고, 정리 좀 하라는 말을 부모님한테서 들었다. 아이는 청소를 한 것이라고 했다. 그랬더니 부모님은 하려면 깨끗이 하라고 말했다. 아이는 이 일을 깊이 담아두게 되었다. 힘들게 일하시는 부모님을 위해 자기가 할 수 있는 일이 청소라고 생각하고 감동을 받으시겠지, 하고 했던 일에 1유형 부모로부터 지적을 받은 것이다.

1유형 부모는 자기도 모르게 칭찬하는 것을 잊어버린 사람처럼 말할 때가 있다. 그래서 말을 할 때는 주의해야 한다. 자녀가 하는 일이 마음에 들지 않더라도 말이다.

그렇지 않으면 아이는 주눅이 들고 스스로 무언가를 하려고 하지 않는다. 좀 부족하더라도 나를 위해 수고한 것에 대해 칭찬하자. 아이가 친절하고 따뜻한 사람으로 자라기 위해서는 좋은 말을 자주, 그리고 많이 부모 자신이 먼저 들어야 한다.

5. 겸손한 부모 2유형

세상은 싸움이 될만한 이슈들을 찾아다니는 킬러들과 같다. 정치, 경제, 문화가 그렇다. 약자를 찾아다니는 하이에나와 같고 상대가 조금이나마 약점을 보이면 으름장을 놓고 빼앗아가는 일을 서슴지 않으려고 한다. 사람들 사이의 적대감은 상상을 초월할 정도다.

1세기 당대의 사람들이 예수님을 따르는 사람들을 어떻게 부를지 몰라 그리스도인을 뜻하는 '크리스토스'라고 붙였다. 이 말은 '친절한'을 뜻하는 '크레스토스'와 비슷해서 그리스도인을 그렇게 불렀다는 것이다. 그리스도인은 친절한 사람으로 보였다.

이 세상에 자기에게 친절하게 대하고 잘해주는 사람을 싫어하는 사람은 아무도 없다. 더욱이 요즘과 같은 각박한 시대에서는 자신의 필요를 먼저 챙기는 이기주의에서 탈피하여 다른 이들의 필요를 채울 수 있는 성숙한 사람이 정말 필요하다. 세상을 자기가 중심이라고 여기고 살아가는 사람과 세상을 누군가를 중심에 세우기 위해 노력하는 사람은 삶의 스타일이 다를 수밖에 없다.

누군가를 좋아하게 되면 선물을 준다. 선물을 통해 자기의 마음을 전하고 친밀함을 가질 수 있다. 대개 선물은 받는 사람을 생각하고 준비한다. 그런데 누군가 다른 사람의 비위를 맞추거나 환심을 사려고 준비한 선물이라고 한다면 그것은 선물이 아닌 뇌물이다. 혹은 선물을 이용해 호감을 줘서 자기가 원하는 일에 도움을 받기 위해 하는 것은 청탁이다. 선물이든 호의든, 따뜻한 말이든 거기에 내가 다른 사람을 어떻게 하려는 목적이 있으면 순수하다고 할 수 없다.

2유형 부모는 자녀를 끔찍하게 생각하고 자녀를 위해 무엇이든 마다하지 않는 열혈 부모이다. 나처럼 너를 이토록 사랑해주는 사람은 없다는 오만함이다. 그 힘에 자녀는 자존감을 상실한다. 부모가 습관적으로 제공한 모든 것이 자녀를 무너뜨린다. 부모는 수치심을 준 적이 없지만 신기하게도 부모가 모든 것을 해줄수록 자녀 스스로 할 일은 없다.

끈끈한 부모와 자녀의 관계는 사회관계에서 때때로 장애물을 쌓는다. 가장 친한 친구가 되고 싶은 부모와 부모밖에 없는 자녀이다. 어찌 보면 한국의 전형적인 부모 스타일이 2유형 부모의 모습처럼 보인다. 같이 놀 친구도 공부할 친구도 없다. 학원에서 잠깐 만나는 것이 전부다. 놀이도 학원에서, 사회관계도, 인성도 학원에서 배운다.

부모는 아이가 고등학교에 올라가면 부모 자신의 모든 욕구를 뒤로 한 채 아이를 참아주고 기다려준다. 이것이 한국의 문화이고 가정의 분위기다.

하지만 부모 대부분이 그런 것처럼, 자녀를 키우면서 무언가 바라는 게 있었던 것은 아니다. 사심 없이 자녀를 키우다가 욕심이라는 것이 생긴다. 자녀가 "안돼"라고 말하는 두세 살이 될 때 자녀는 자기가 주장하는 것을 통해 자기에 대한 이미지가 생긴다. 아이는 "안돼", "싫어"부터 말한다. 그리고 부모의 표정을 살핀다. 정말 안될까? 부모는 틀릴 때를 기다린다. 불에 가면 "안돼"라고 말하지만 아이는 싫다고 하면서 만진다. 잠깐이지만 깜짝 놀라 손을 떼고 울기 시작한다. 부모는 말한다. "엄마가 말했잖아. 그렇게 하면 안 된다고." 아이는 불이 뜨거운 것이라는 것을 알았다. 부모는 자녀에게 선생이다.

하지만 자녀가 장성한 후에도 실패학교는 계속되어야 한다. 때때로 자녀가 틀릴 때까지 기다려주어야 할 때가 있다. 부모의 말을 자녀가 듣지 않을 때, 과격하게는 용돈을 줄이고 휴대전화기를 끊어버린다. 이런 식으로 고집을 부리면 나도 가만히 있지 않겠다는 선전포고이다.

간혹 좋은 대학교에 들어간 아이들의 자살률이 일반 학교에 다니는 아이들보다 높다는 기사를 접한다. 왜 아이들은 자기 생명을 그렇게 끊을까. 어떤 아이가 말한다. 내가 할 수 있는 일이 이것밖에 없다고 생각하고 자살을 한다는 것이라고. 자유를 향한 외침이다. 아이는 자기 삶을 살아야 한다. 자녀가 사는 것 말고 더 바라는 것도 실은 부모에게 없다.

입시라는 특별한 상황 앞에 부모는 10여 년을 자녀에게 맞춘다. 아무것도 바라지 않는다고 하지만 아이가 대학에 들어갈 때까지, 아니면 아이가 취업하고 결혼할 때까지 모든 비위와 환경을 맞추며 살아간다.

희생이 클수록 아이에 대한 기대가 커지고 아이가 부모의 말대로 잘 따라와 주면 그 역시도 희망을 더 키운다. 자녀는 자녀의 인생을, 부모는 부모의 인생을 살아야 하는데 한국의 많은 아이가 부모 인생까지 살아야 하는 원플러스 원(1+1)의 몫을 감당하고 있다.

3유형의 부모는 "나는 할 수 있다"를 외치고, 1유형 부모는 "나는 해야 한다"를 말한다. 이 사이에서 2유형 부모는 "내가 너를 도울 수 있다"를 외친다. 자기의 한계, 신체나 능력을 잘 모르고 다른 사람을 나 자신보다 더 중요하게 여기므로 일어나는 일이다. 때로는 자녀 앞에 사랑스러운 비서처럼, 운전기사, 가정부, 가정교사처럼 모양을 바꾸며 나타난다.

그러다 탈이 난다. 가족을 위해 안 그런 척, 의도 없는 척을 하다가 자기 뜻대로 하려고 하는 것이 조정이다. 조금만 더 공부하라고 아첨하기도 하고 선물을 사주기도 한다. 그렇게 가족에게 전적으로 맞추며 살다가 존재가 무너지는 것 같은 느낌을 받을 때가 있다. 자녀가 배신하지 않았더라도 배신한 것 같은 기분이다. 때가 되면 부모의 곁을 떠나는 것이 자연의 섭리이다.

자녀가 부모의 뜻과 다른 사람과 결혼할 때, 그리고 직업을 선택할 때 등에 부모의 의견을 수용하지 않으면 다른 유형과 다르게 2유형 부모는 단순히 화가 나는 정도가 아니라 자기가 사라지는 것 같다는 느낌을 받는다. 그래서 자기 비하로 떨어지거나 상대방에 대한 원망, 복수, 저주의 말을 퍼붓거나 잘되는지 두고 보고자 하는 마음이 생긴다.

그런데 2유형 부모는 돕는 사람인 줄 알고 살았지만 그들에게는 진정 도움이 필요하다. 돕는 사람이 아니라 오히려 도움을 필요로 하는 사람이다.

이러한 상태에서 벗어나 어떻게 겸손을 향하여 나아갈 수 있을까. 여기서 겸손이라는 말은 상당히 어렵다. 겸손은 할 줄 아는데 말로는 모른다고 하는 눈치가 아니다. 사회적으로 튀지 않으려고 자세를 낮추는 것도 아니다. 게다가 자신을 중요하게 여기지 않는 자기무시(self-effacement)도 아니다.

진정한 겸손은 그저 나 자신을 객관적으로 받아들이는 것이다. 꾸미지 않고, 위장하지 않고, 자기의 영향력을 확장하지 않고 내 모습 그대로를 인정하는 것이 겸손이다.

2유형 부모가 겸손한 부모가 된다는 것은 부모의 자리를 빌려 자녀에게 생색내지 않을 만큼 도와주는 것이고 부모로서 미칠 수 있는 영향력을 다 사용하지 않는 것이다. 그리고 나도 다 아는 건 아니라고 생각하는 것이다.

이처럼 겸손한 부모가 되는 데 필요한 것은 첫째, 나의 한계를 인정하는 것이다. 나는 늙어가고 있다. 나는 영향력이 줄어들고 있다. 그것이 자연스러운 일이다. 탈이 날 정도로 가족을 위해 헌신하는 것은 진정한 의미에서 겸손한 삶이 아니다. 겸손은 자기가 할 수 있는 것과 할 수 없는 것을 분명히 아는 것이다.

둘째, 나에게는 주님이 필요하다. 이 고백이 될 때 나는 주고 싶지만, 항상 줄 수 있는 것이 아니고, 나에게 주님이 필요하듯이 자녀에게도 주님이 필요함을 인정하고 기도의 자리로 나아갈 수 있다. 기도는 내 소원이나 의지를 관철하려는 것이 아니라 주님의 뜻이 이루어지기를 기도하는 것이다. 내가 보는 것보다 더 넓게 높이 보시는 주님께 자녀를 맡기는 것이다.

셋째, 나의 위치를 아는 것이다. 내가 원하지 않더라도 현재의 주어진 환경에 순종하는 일이다. 환경을 바꾸고 내 마음에 드는 상태로 만들기보다는 하나님께서 허락하신 환경과 사건을 인정하고 그 안에서 내 역할을 하는 것이다. 부도나 실패 등의 때에는 그에 따라 살아가야 한다. 그렇지 않고 살 때 화병이 생기고 몸에 문제가 생긴다.

넷째, 결국 선택은 각자가 하는 것이다. 누구를 위해 살았다고 하지 말고 자녀가, 가족들이 각자 선택할 수 있도록 소유권을 주장하지 말아야 한다. 자녀의 빚을 대신 갚아주고 생색을 내는 것보다는 이런 마음이 올라오지 않을 정도로 도와주거나 자녀의 몫으로 내버려 둬야 한다. 아프지만 도와주지 않는 것은 부모가 더 강해야 가능한 일이다.

만약 아이가 뛰어야 하는 일이 생긴다면 내가 대신 뛰어주지 않겠다는 경계를 지킬 때 다른 사람을 기만하는 일을 멈출 수 있다.

6. 정직한 부모 3유형

하루아침에 집을 이사했다. 더 좋은 집으로 가냐고 부모님에게 물으니 아무 말이 없다. 이전 집은 작은 마당도 있었고 방도 3개나 된 제법 큰 집이었다. 그런데 이사한 집은 방 하나에 작은 다락이 고작이다. 화장실은 이웃들과 같이 쓰는 공용이다. 부엌은 방에서 나와 따로 마련된 곳에 있다.

자녀들은 지금 무슨 일이 일어나는지 알 수 없었다. 아무리 어려도 사업이 망했다는 것은 직감할 수 있었다.

그날 밤 부모님은 아이들을 불러 안심시키며 통장을 꺼내 보여주신다. "얘들아, 아빠 돈 많아. 봐봐. 얼마라고 쓰여있는지 읽어봐." 누가 봐도 줄어든 살림살이인데 유창한 말만이 허공에 맴돈다. 이것이 3유형의 대표적인 기만이다. 기만은 다른 사람을 속이는 것이다. 그런데 속이면서 자기도 속는다.

내가 초등학교에 다닐 때 년 초에 가정형편 조사를 하는 가정통신문이 가정으로 발송됐다. 어린 내게도 그것이 참 이상했다. 부모님의 학력이 어떤지, 피아노는 있는지, TV는 있는지, 세탁기 등의 전자제품과 집은 자가인지, 전세나 월세인지를 파악하고, 자동차도 있는지 조사하게 했다.

그리고 그것을 보고 선생님은 제법 잘 사는 것처럼 생각되는 집에 전화를 걸어 학급 임원, 학교 임원을 강권적으로 맡기시거나 독려하셨다. 친구들도 가정통신문을 서로 비교하며 누가 자동차가 있는지 살피고, 피아노가 있으면 부자라고 생각했던 때였다.

우리가 사는 세상은 3유형스러운 세상이다. 모두가 보란 듯이 살도록 부추기고 있다. 소유해야 한다고, 성공하기 위해서는 공부해야 한다고, 결혼을 잘해야 한다고 TV에 나온 연예인들이 말하고 있고 국회의원들이, 박사가, 학자가, 경제인이 말하고 있다. 가족 모임에서도 누가 누구랑 결혼해서 잘살게 되었는지, 이번에는 집값이 얼마나 올랐는지, 주식 이야기 등 얼마나 가졌는지에 관한 이야기로 꽃피운다.

이런 이야기를 듣다 보면 불안하다. 나도 다음에는 이런 모임에서 한 마디 껴야지 하는 마음이 생긴다. 세상 모임은 다 자랑이다.

39개 나라의 교육지표를 조사한 결과 OECD(경제협력개발기구)에서 우리나라 청년층의 대학교육 이수율은 66%, 고교 이수율은 98%로 1위를 차지했다. 대학에 들어가는 것이 일반적이라는 것이다. 놀랄 일도 아니다. 우리 사회에서 대학 진학은 곧 연봉과 직결되고 완수율이 높게 나온 것도 졸업장이라도 있어야 이력서라도 낼 수 있기 때문이다.

그런데 전공과 직업의 연관성은 낮다. 이 말은 대학이라는 간판과 졸업장이면 된다는 것이다. 내가 무엇을 좋아하고 잘할 수 있는지가 아니라 좋아하지 않는 전공이라도 명성 있는 대학의 졸업장이면 된다고 생각한다.

이런 학력 사회에서 남들처럼 다 가는 길에서 혼자 떨어져 가는 것은 쉬운 일이 아니다. 위계 사회에 정점에서 살아남기 위해서는 인간성을 잠시 내려놔야 한다. 기계처럼 공부하고 시간과 건강, 재능과 같은 것은 학업을 위해 내려놓는다.

하물며 교회 가는 것은 어떨까. 고3이라고 하는 말에는 교회는 쉰다는 말이 들어있다. 좀 제대로 예배드리지 않아도 양해해 주겠다는 의미가 들어있다. 그렇게 대학에 들어가면 또 수많은 리포트와 시간을 요구하는 작업이 필요하다. 준비해야 할 자격증도 많다. 어른이 되고 부모가 된 우리도 너무 힘들게 버티며 걸어간 길이다. 예전에 군대 갔다 온 사람들이 간혹 하는 말이 가끔 군대에 가는 꿈을 꾼다고 한다. 힘들었다는 것이다.

이렇게 내가 아닌 부모가 안내해주는 대로, 선생님이 지도해 주는 대로 남의 꿈을 대행하며 사느라 우리 모두 힘겹다. 고생한 부모의 레퍼토리는 들어주기 힘들다. 나는 이렇게까지 했다는 말은 듣는 이로 하여금 더 비참하게 만든다. 그래서 자녀들은 부모의 이런 사실을 알기에 부모가 하는 거절도 하기 어렵다. 부모가 어떻게 자기를 위해 희생하며 살았는지를 알기에 힘들어도 말을 못 한다.

3유형 부모는 성공 지향적이고 남들이 보는 것을 자기의 안경처럼 쓰고 살아간다. 가슴을 사용한다고 하지만 자기의 가슴과 제일 먼 사람들이다. 인정받으려고 좋아하는 척, 괜찮은 척 하며 살아온 사람들이다. 스트레스가 많아 수면제를 먹고 자야 할 정도로 잠을 편히 들 수 없어도 자기 열심과 성품으로 일을 멈추지 못한다. 믿음으로 산 것을 보여준 것이 없어 자녀들도 세상 가치관에 사로잡혀 살지만 어릴 때 교회 다녔으니 언젠가는 나갈 것이라 편하게 생각한다.

그래서 3유형 부모가 배워야 할 미덕은 정직이다. 정직이란 포장하지 않는 것이다. 일이 좋아 부재중 엄마로 살았다면 그것을 다른 이유로 둘러 포장하지 않는 것이다. 자녀에게 믿음으로 산 것을 보여준 것이 없음을 인정하고 자녀 뒤에 숨어 이기심과 세상 욕심을 부렸던 것에 대해 속이지 않는 것이다.

내가 쓴 가면을 벗는 것이다. 나도 그렇고 너도 싫으면 하지 않아도 된다고 인정하는 것이다. 우리의 실패를 인정하는 것이다. 자녀가 아프면 아프다는 것을 수용하는 것이다. 실패를 받아들이는 것이다. 있는 척, 가진 척, 행복한 척, 믿음 있는 척하지 않는 것이다.

세상으로부터, 누구로부터 인정받기 위해 쉬지 않고 무언가 하려고 하는 것을 하지 않는 것이다. 자기를 계속 일로, 돈으로, 관계로 몰아세우지 않는 것이다. 가면을 벗는다는 것은 더 이상의 거짓친밀성(pseudomutuality)을 만들지 않겠다는 것이다. 세상과 일을 벗 삼아 구원에 관심도 없이 살아온 삶의 결론이 전쟁터 같은 가정, 부재중 아빠엄마였다는 것을 인정하는 일이다.

우리는 누구나 인정받으려고 한다. 하지만 3유형에게 인정이라는 것은 사회적이고 구체적인 성과다. 이것을 스스로 증명하기 위해 고되고 힘들게 살아가는 야곱과 같은 삶이다. 야곱은 성취 주도적인 인물이었다. 가지고 싶은 게 있으면 전통 따위는 뭉개버리고 어떻게든지 우둔한 에서를 속여 장자권을 빼앗는 영리함을 가진 사람이다.

하지만 그는 말한다. "야곱이 바로에게 아뢰되 내 나그네 길의 세월이 백삼십 년이니이다 내 나이가 얼마 못 되니 우리 조상의 나그네 길의 연조에 미치지 못하나 험악한 세월을 보내었나이다 하고."(창 47:9) 야곱은 백삼십 년 동안 살면서 자기의 인생이 험악한 세월이었다고 회고하고 있다.

성취, 성공만을 위한 삶의 결론이 이런 고백이다. 야곱은 누구든 경쟁해서 이기고 이기며 살았다. 그런 자에게 하나님은 환도뼈를 부러뜨림으로 어쩔 수 없는 상태로 만드신다(창32:25). 성취 주도적인 사람은 자기 계획에서 벗어날 때 무너진다.

예수님은 사역을 시작하시기 전, 아버지에게 이런 소리를 들었다. "이는 내 사랑하는 아들이요 내 기뻐하는 자라"(마3:17) 아무것도 한 게 없는 상태이다. 사랑받을 일도, 기뻐할 일도 예수님은 하지 않았다. 그런데 사랑한다고, 기뻐한다고 예수님의 존재를 향해 소리가 들려온다. 이 소리를 들어야 한다.

세상은 3유형 부모를 향해 말한다. "성취하라! 성취할 수 있다! 지금도 늦지 않았다!" 각종 세미나와 인간관계의 모임에서 자주 듣는 매력적인 문구이다. 이런 사람을 세상은 찾는다.

그러나 주님은 아니다. 자녀가 부모를 향해서도 그렇다. 유능한 부모를 원하는 것이 아니라 부모라서 좋아한다. 부모가 자녀를 선택한 것이 아니듯 자녀도 부모와 거래하면 안 된다. 부디 자녀가 성공한 이후에 무릎 아파 같이 돌아다닐 수도 없고 자녀들이 바쁠 그때 홀로 외롭게 시간을 보내며 후회하는 일을 만들지 않아야 한다.

3유형 부모는 성취 지향적으로 살고 있기에 생각 자체를 바꿔야 한다. 생각은 보는 것을 바꾸는 것이다. 다른 사람을 보며 내가 더 노력해서 가질 수 있고 달라질 수 있는 환경이라고 생각하지 말고 지금 내가 가지고 있는 것을 살피는 일이다. 성공은 미래에 있는 것이 아니라 지금 가지고 있는 것으로부터 시작한다. 숨을 고르게 쉬고 나에게 있는 것을 먼 곳이 아닌 지금 여기에 시선을 둘려야 한다.

쉴 수 없이 부모를 붙잡고 하는 아이의 쓸데없는 말들에, 배우자가 쓰레기 정리해 달라고 하는 말에, 매일 출근길에 보이던 토스트 아줌마가 보이지 않는 것에 대하여, 삼계탕이 점심 메뉴로 나오면 복날인가 싶어 부모님에게 안부 전화하는 것 등처럼 별로 중요하지 않다고 생각되는 소소한 일들에 대한 노력이다. 이것은 나의 경력과 실적, 도움이 전혀 필요해 보이지 않는 것이다. 여기에 하나님의 말씀에 시간을 내어 드리는 헌신, 몸으로 하는 희생을 추가해서 자신의 가슴과 머리, 삶이 같이 가는 길을 새로운 방식으로 탐험하려는 자발적인 의지를 회복해야 한다.

7. 균형 잡힌 부모 4유형

1유형 부모의 미덕은 평온이고 4유형 부모의 미덕은 평정이다. 평정(equilibrium)이란 상황과 사람에 영향을 받지 않고 마음에 생긴 균형이다. 이런 일이 생기면 주가가 올라가고 내려가고 때마다 시마다 영향을 받아 변하는 것이 아니라 어떤 일이 생겨도 마음을 환경에 빼앗기지 않는 편안함을 느낄 수 있다.

4유형 부모는 상처(scar)를 잘 받는데 그것은 어떤 일이 생길 때 그것을 자기 내면으로 가져오기 때문이다. 여기서 상처가 상처로 끝나지 않고 별(star)이 되려면 자기를 흔드는 그 실체를 제대로 파악할 수 있어야 한다.

나는 왜 감정에 휩쓸리는가. 나는 왜 남의 떡이 더 커 보이는 걸까. 이것은 4유형이 가지고 있는 격정인 시기에서부터 시작된다. 시기는 다른 사람이 가지고 있는 것을 좋게 보는 것이다. 아무나 시기하는 것이 아니라 자기가 정한 사람에게 있는 어떤 부분을 시기한다.

문제는 그것이 나에게 어울리냐, 어울리지 않느냐를 생각하지 못하고 그저 다른 사람의 것을 보면서 "우리 아이는 왜 안 될까?" 슬퍼하고 다른 집 남편을 보며 "그 집 아내는 얼마나 좋을까"를 생각한다는 것이다.

시기는 다른 사람이 가진 좋은 환경일 수도 있고 다른 사람에게 있는 성품이나 실력, 학력일 수 있다. 동창회 모임에 나가서 기분이 나쁜 것은 나보다 공부도 못했던 아이가 내가 가지고 싶어 했던 것들을 가졌을 때이다.

그래서 시기에 사로잡혀 있으면 시나리오를 쓰면서 자기의 내면으로 깊이 들어간다. 심각할 경우 내가 그것을 소유하지 못한다고 여기면 악한 방법을 동원해 너와 내가 모두 사용할 수 없게 망가뜨려 버리고 싶다는 강력한 충동에 이끌린다.

4유형 부모는 시기가 있어 열심히 노력하고 애쓴다. 우리 주위에 은사가 다르듯 얼마나 괜찮은 사람이 많은지 모른다. 그런데 주변 사람들과 일일이 비교하고 경쟁한다면 너무 피곤하고 힘이 든다. "나는 왜 안 될까, 나는 왜 가질 수 없을까" 등등의 고민은 비탄과 우울에 빠지는 지름길이다.

4유형 부모는 다른 2,3유형과 마찬가지로 다른 사람의 시선을 중요하게 생각하기 때문에 이미지를 만들고 여기에 힘을 쓴다.

4유형 부모가 만드는 이미지는 다른 사람의 말을 통해 생긴다. 그래서 내 주위에 어떤 사람이 있느냐에 따라 4유형은 건강할 수 있느냐, 불건강 하나로 갈리게 된다. 하지만 다른 사람의 말이 다 옳은 것도 아니고 그들이 나를 제대로 이해하고 있는 것도 아니다. 그런데도 사람들이 하는 말에 속고 나를 대하는 태도에 기쁨과 슬픔이 엇갈린다.

돌아온 둘째 아들에 나온 탕자처럼 아버지께 돌아갈 수 있는 자격은 스스로의 선택에서 비롯된다(눅15:17). 집을 나간 것도 그였고 돌아오는 것도 역시 그였다. 달라진 것은 해석이다. 이전에 아버지의 재물을 가지고 나갈 때와 배고파 죽을 지경에서 집으로 돌아가는 그의 마음의 태도는 확연히 다르다.

왜 나는 안 되는지에 관해 물으면 하나님도 답을 주지 않으신다. '왜'라는 물음에는 과거가 담겨있고 원망과 후회가 담겨있다. 우리 가정은 '왜'라는 기도에는 하나님이 역사할 수 없다. 다만 '어떻게'로 바꿀 때 '어떻게'에는 현실에 뿌리내리고 적극적으로 무엇이든 해보겠다는 믿음이 들어있다.

그래서 주위에 나에게 영향을 주는 사람은 누구인지를 보고 믿음의 영향을 주는 사람이 누구인지를 살펴야 한다.

하나님을 경외하는 사람은 '왜'가 아니라 '어떻게' 하자는 사람이다. 다른 사람에 장점을 볼 수 있다는 것은 나에게 그것이 있다는 것이다. 사람은 자기에게 없는 것은 볼 수 없다. 자기 사랑에 실패한 사람은 자기가 잘하는 것을 못 본 사람이다. 다른 사람의 장점을 보는 나머지 내가 잘하는 것, 자녀가 잘하는 것을 잊어버릴 수 있다. 그것을 찾아야 한다.

4유형의 성장은 마음에서 일어난다. 시기와 균형감도 마음에서 일어나는 일들이다. 예수님은 자기중심적인 세계에서 사는 사람을 좋아하지 않으신다. 자기를 생각하는 것은 이상한 일이 아니다. 그러나 매사 어떤 일이든지 자기만을 생각한다면 그런 사람은 믿음이 자랄 수 없다. 균형을 잃으면 한쪽으로 치우치게 된다.

성경은 지옥을 '무저갱'이라는 단어로 표현한다. 무저갱은 '바닥이 없는 곳, 끝이 없는 심연'을 뜻한다. 끝없는 욕망의 세계에서 균형감각을 잃어버린 사람은 이미 지옥에서 사는 사람이다.

그러니 4유형 부모가 잘 사용하는 말이 "죽을 것 같다"라는 말이다. 죽을 만큼 힘들다는 것이다. 그리고 "이렇게 아픈 것을 아무도 알아주지 않는다"라는 말을 한다. 나만 아프다고 하는 생각이 정말 아픈 것이다.

마음을 지켜야 한다. 마음을 빼앗기면 채워도 소용이 없다. 시기하게 될 때 우리의 시선은 현재를 누리지 못하고 과거에 묶여 있다. 다른 사람에게 삶이 기울어져 있다. 우리는 앞으로 나가야 한다. 내 삶을 살아야 한다. 이것이 4유형 부모가 나답게 살아가는 삶이라 할 수 있다.

4유형 부모의 발목을 붙잡는 고리를 끊어버리려면 현재에 자족하는 마음을 갖는 것이다. 디모데전서 6장 6절은 "그러나 자족하는 마음이 있으면 경건은 큰 이익이 되느니라"고 했다. 자족은 현재에 내게 있는 것을 보는 것이다. 다른 집을 보면 내 집이 보이지 않는다. 다른 배우자를 보면 나의 배우자는 보이지 않는다. 다른 자녀를 보면 내 자녀는 보이지 않는다. 무엇이 크냐 작냐가 문제가 아니라 자족하지 못하는 마음이 문제이다.

내 마음이 어디 끝에 가 있는가. 나는 자녀의 무엇을 보고 있는가. 오늘부터라도 환경이 아닌 내가 보는 것을 바꾸는 훈련을 기울여야 할 것이다.

8. 초연한 부모 5유형

'초연하다'라는 말은 내 것으로 생각하는 무언가를 기꺼이 움켜잡으려고 하지 않는 것을 말한다. 그렇다고 바람이 불면 바람이 가는 대로 흘러가게 나 자신을 맡기는 것은 아니다.

초연하다는 것은 삶이 내가 바라는 대로 움직이지 않는다고 하더라도 비록 가정이 내가 기도하는 대로 되지 않는다고 하더라도 여전히 꿋꿋하게 살아가는 삶의 태도를 말한다. 비바람을 다 맞으면서 걸어가도 우산을 길가에 버리고 가지 않는 것과 같다. 마음에 들지 않고 생각대로 되지 않으면 버리고 바꾸고 그만둬 버리고 싶은 생각을 버리는 것을 말한다.

우리 안에는 붙잡으려고 하는 마음이 있다. 제일 쉬운 것은 물질에 대한 마음이고, 내 마음대로 되지 않음에도 계속 소유하고 싶은 존재가 자녀이고 가족이다. 물질은 사용하지 않고 모으는 것으로, 자녀는 나의 통제와 계획안에 둘 때 안전하다고 생각한다.

5유형의 부모는 어릴 적 혼자라고 생각한 적이 많았다. 아무도 나를 지켜주지 않았다고 자기가 생각하는 것이다. 부모가 실제로 그렇게 둘 수도 있고 그렇지 않을 수도 있다. 하지만 이런 어린 시절의 경험이 예민하고 섬세하고 똑똑한 사람이 되어야겠다는 생각을 주었다. 문제는 참여하거나 활동하는 것보다는 지식을 재정과 마찬가지로 모으는 것을 좋아한다는 것이다.

그래서 5유형 부모는 돈을 벌어서 부자가 되기보다는 돈을 쓰지 않아서 부유하게 되거나 정보나 지식에 대해 연구하는 것을 좋아하기에 전문직종에 종사하기도 한다. 자기 안에 들어온 것은 사람이든 지식이든 책이든 무엇이든 자기 밖으로 나가지 못한다. 서재, 연구실, 사무실과 같은 자기만의 공간이 중요한 이유도 그안에 있을 때 편안함을 느끼기 때문이다.

하지만 이러한 삶의 태도는 다른 가족들의 사회관계를 막을 수 있고 자신의 재능을 사용하지 못하게 방해가 된다. 거미집을 집을 때 거미는 가장 은밀한 곳에, 눈에 띄지 않는 곳에 집을 만든다. 그리고 거기에 들어가 가만히 웅크리고 있다. 집을 짓고 난 뒤에는 먹이가 들어올 때까지 마냥 기다린다.

마귀는 유다의 마음에 예수를 팔려는 생각을 넣었다(요13:2). 유다에게 그런 생각이 들었을 때 함께 있는 예수님과 제자들에게 고민을 말해야 했다. 혼자 생각하고 혼자 결정하고 혼자 실행할 때 위험하다.

1980년 캐나다 사이먼대학교의 브루스 알렉산더 교수의 연구에 따르면, 집단생활을 한 쥐보다 고립 생활을 한 쥐는 스트레스를 받을 때나 해소할 능력이 현저히 떨어졌다. 예수님과 동거동락하며 지냈던 유다라고 할지라도 혼자는 문제를 해결하지 못한다.

5유형 부모는 신중하고 생각이 많다. 힘들다고 말하는 것이 어렵고 감정이 일에 끼어드는 것이 방해된다고 생각한다. 그래서 혼자 깊이 숙고하고 그런 방식을 편하게 생각한다.

하지만 달리 보면 그것은 참여하거나 활동하지 않고 대신하는 대체물과 같은 것이다. 생각한다는 것은 몸이 움직이지 않는다는 말이기도 하다. 하지만 저항을 물리치는 일은 행동밖에 없다.

나아만 장군은 요단강에서 몸을 일곱 번이나 씻었다(왕하 5:10). 그가 씻은 것은 몸이었지만 씻겨진 것은 또한 생각이다. 고질적인 생각과 편견은 반복적 행위를 통해서만 바뀔 수 있다. 생각이 바뀌려면 몸이 먼저 움직여야 한다.

내가 안다는 생각은 우리에게 편안함을 주고 확신을 준다. 내 자녀를 아는 사람은 이 세상에 나밖에 없다는 생각이 어느새 부모에게 오만을 낳는다. 학교에서나 교회에서 그리고 가족들에게 "너를 나만큼 잘 아는 사람이 있으면 나와보라고 해"하는 마음이나 생각이 있다면 오만한 것이다. 그런데 많은 경우 우리는 가족과 함께 보내는 시간이 많아서 오만하다고 생각하지 않고 당연하다고 생각한다.

이 세상에 내 자녀를 제일 잘 아는 이는 부모인 나라는 것이다. 그러나 정말 내 자식에 대해 안다고 하지만 모르는 것이 많다. 왜냐하면 우선 우리는 연약한 존재이기에, 보고 싶은 것만 보고 듣고 싶은 것만 듣기 때문이다. 우리에게 약점이 되는 것은 숨기려 하고 믿지 않고 싶다.

그날도 아침에 똑같이 식사를 챙겨주고 고등학교까지 데려다주었다. 사랑의 인사를 나누고 저녁에 보자는 인사를 나눈 게 마지막이었다. 남들처럼 자상한 부모였고 방임이나 학대를 받은 적도 없다. 아이 때문에 학교에 간 적도 없고 마약이나 술을 마시지도 않았다. 게임 때문에 속을 끓인 적도 없었다. 이것이 부모가 아들 딜런에 대해 한 말이다.

그런데 평범한 가정에 너무 사랑스러운 이 아들이 1999년 4월 20일 콜럼바인고등학교에서 총기참사를 가했다. 이 사건으로 많은 사람이 죽었다. 딜런도 그날 세상을 떠났다.

문제는 이제 남은 가족이었다. 엄마는 말한다. '왜 나는 몰랐을까? 어떻게 이런 끔찍한 일을 저지를 때까지 나는 왜 몰랐을까.' 엄마가 자신을 자책하는 그때 똑같이 많은 사람이 딜런의 엄마를 찾아와 정말 몰랐냐고 따져 묻기 시작했다. 어떤 낌새도 눈치채지 못 했냐고 재차 확인했다. 그때마다 엄마는 아들이 이렇다는 사실을, 그리고 내가 그런 아이의 엄마라는 것을 받아들이지 못했다.

우리가 자녀에 대해 안다는 것은 무엇일까? 내가 안다고 하는 것은 지식이나 정보가 전부일 수 있다. 하지만 우리는 자녀를 낳았다고 자녀에 대해 알 수 있는 것은 아니다. 우리의 지식은 불충분하다.

5유형 부모가 지식이 아닌 진리에 기초한다면 하나님과 친밀한 애착을 형성하는 일이다. 내가 회피했던 것에 대해 하나님께 소리내어 말하고 맞서거나 덮어두지 않고 솔직하게 표현하는 것이다. 그것은 하나님에게, 그리고 가족에게도 나의 연약함에 대해 도움을 구하는 것이라 할 수 있다. 하나님은 당신의 지식을 감하지 않으시고 오히려 점점 더 풍성하게 만드실 수 있다(빌1:9).

5유형 부모가 초연한 상태가 된다는 것은 나를 무장 해제를 하는 것이다. 예수님을 아는 것은 자라야 하는 일이고(엡4:13) 안다는 것은 멈춰 있는 명사가 아니라 동명사이다.

생명의 강이 흐르게 하라(계22:2). 그리하면 열매를 맺게 되고 그것과 연결되며 하찮아 보이는 나뭇가지도 약재로 쓰일 수 있게 될 것이다. 하지만 흐르지 않으면 고여 썩는 일밖에 없다.

9. 용기 있는 부모 6유형

세계는 무시무시한 위기를 겪고 있다. 세계적인 전염병, 살인적인 불볕더위와 기후의 이상 징후, 지구온난화, 경제 대공황보다 더 심한 대몰락, 미세먼지와 대기오염 등 인간의 예측을 벗어난 근간을 흔드는 일들이 곳곳에 일어나고 있다.

인간은 생존에 대한 불안이 있다. 하지만 6유형 부모가 가지고 있는 불안은 안전하지 못할까 봐 느끼는 공포이다. 이들이 느끼는 두려움은 다른 유형과 달리 불특정한 인물, 사건, 세계에 대한 것들이다. 유달리 공포가 심하므로 안전하기 위해 스스로의 발목에 쇠사슬을 채운다. 그것이 때로는 걱정한 대로 현실로 일어나기도 하는데, 그런 경험이 신념이 된다. 이때 혹시 자기가 예상한 대로 되면 불안은 가속화된다.

우리에게는 쉴 곳, 도피성과 같은 곳이 필요하다. 도피성은 하나님께서 만드신 제도 안에 있다(민35:11). 도피성은 부지중에 실수로 다른 사람을 살인한 사람을 위한 장소이다. 도피성은 살인을 허용하거나 인정하는 것이 아니라 고의성이 없는 살인자를 보호하기 위한 하나님의 사랑의 장소이다. 그는 일부러 사람을 살인하고자 하지 않았지만, 그 때문에 다른 이에게 보복당할 수 있다.

그런데 우리에게도 도피성이 필요하다. 도피성은 내가 일부러 다른 사람을 오해하거나 의심하거나 신뢰하지 않을 때 찾아가는 곳이다. 나의 생각으로 다른 사람을 재단하고 신뢰하지 못해 질문을 폭풍처럼 쏟아낼 때 필요한 곳이다. 구조가 없어 불안할 때 찾아가는 곳이다.

힘든 세상에서 크리스천 부모가 찾아갈 곳은 다른 곳이 아닌 하나님께서 만드신 제도인 교회이다. 교회에서 주님을 만나 자유를 경험하기 때문이다. 예수님은 죽은 자, 묶여 있는 자에게 풀어 놓아 다니게 하시는 분이시다(요11:44).

생각의 감옥, 편견의 감옥에 살면 마음에 평안이 없다. 필요한 비판이든 부정적인 비난이든 그런 것을 자꾸 하면 마음이 좋을 리 없다.

에니어그램은 자기의 부정성을 벗어내도록 도와준다. 6유형 부모가 나아가야 할 방향은 용기이다. 용기는 두려운데 두렵지 않은 척하는 게 아니다. 용기는 긍정적인 자기 확언이나 약속도 아니다. 용기는 겁이 나지만 그럼에도 기꺼이 맞서며 견디는 것이다.

용기로 나아가기 위해서는 6유형이 가지고 있는 성품을 사용해야 한다. 내가 무엇을 할 수 있을지를 생각하고 준비하는 것이다. 그때 자연스럽게 떠오르는 자기 의심이나 방어의 불순물은 걷어내고 확신으로 나아갈 수 있어야 한다.

확신으로 나아갈 수 있도록 도와주는 동력은 세상에서 가장 안전한 주님 품이다. 주님 안에 거할 때 우리는 견딜 수 있다. 주님 안에 있을 때 우리는 참된 돌봄을 경험하고 안전할 수 있다.

그러나 준비만 하면 안 되고, 두려움에 맞서야 한다. 공포를 주고 보이지 않은 채 불확실하게 공격하는 모든 것에 대하여 하나님은 전신 갑주를 입고 맞설 것에 대해 말하고 있다(엡6:11).

맞선다는 것은 직면하는 것이다. 직면할 때 우리는 두 발을 땅에 대고 견뎌야 한다. 6유형 부모에게 어려운 것은 자신이 할 수 있다는 것을 믿고 앞으로 나아가는 것이다. 누군가 당신에게 리더로 봉사하라고 할 때 거절할 생각부터 한다는 것을 기억하고, 안되는 이유가 아닌 될 이유를 찾는 노력을 기울이자.

각 유형이 만약 용기를 가지고 직면하게 된다면 훼방꾼인 격정을 받아들이고 성장하는 길에 나선다는 것을 의미한다.

1유형에게 용기 있는 모습은 완벽하지 않은 것 때문에 짜증을 부리는 대신 망가진 모습을 보여주는 것이다. 2유형에게 용기는 다른 사람의 눈치 때문에 말하지 않았던 자기의 필요와 사랑을 요구하는 것이다. 3유형에게 용기란 실패에 대한 이야기와 어려움을 가식 없이 말하는 것이며, 4유형은 남들에게 이해받지 못할까 봐 말하지 못하는 것에 대해 말하는 것이다. 5유형에게 용기란 일과 관련되어 생긴 복잡한 감정을 드러내는 것이며, 7유형에게 용기란 고민이나 문제를 차근히 해결하는 것이며, 8유형에게 용기란 내가 장악하지 못할까 봐 생기는 불안을 느끼는 것이며 9유형은 집단의 조화가 깨지더라도 나를 먼저 생각하는 것이다.

그런데 이것이 쉬울 리 없다. 안전을 깨는 것은 그 누구라 할지라도 위험하게 생각된다. 자연적으로 방어하게 되고 현재를 보호하고 유지하려는데 에너지를 쓰게 될 것이다. 이처럼 용기라는 것도 다른 미덕처럼 쉬운 것은 아니다.

하지만 우리에게는 도피성 되시는 주님이 함께하신다. 새로운 일을 시작할 때 머리에서 반항하는 목소리가 들린다. 권력이나 공동체, 제도, 종교를 따르지 않으면 어려운 일을 당할지도 모른다고 생각된다.

주일을 지키는 일도 신자의 의무가 더 앞선다. 그러니 자녀에게도 해줄 말이 없다. 왜 주일 성수를 해야 하는지는 설명하지 않고 그냥 하라는 위협만 있다. 명분이 아니란 이유를 알려줘야 한다. 내가 만난 하나님, 내가 믿는 하나님을 친절하게 말해주어야 한다. 그리고 교회에 가면 평안하다고 하는데 그것이 주님이 주시는 평안인지 아니면 내가 교회에 있어서 스스로 안심하는 것인지 잘 분별해야 한다.

또한 주님을 만날 때 그것은 일시적으로 공포와 비슷한 경험이라 할 수 있다. 이사야는 보좌에 앉아 계신 주님을 만날 때 재앙이라고 생각했다. 그리고 곧 자기가 죽을 것이라고 예상했다. "그 때에 내가 말하되 화로다 나여 망하게 되었도다 나는 입술이 부정한 사람이요 나는 입술이 부정한 백성 중에 거주하면서 만군의 여호와이신 왕을 뵈었음이로다 하였더라"(사 6:5) 이런 공포스러운 경험은 그 자체가 낯선 존재로부터의 만남이라 내가 가지고 있는 사고와 부딪혀 생기는 것이다. 이사야는 죄사함을 받고 자기를 보내달라는 용감한 모습을 보인다(6:8).

모세도 그랬다. 떨기나무가 타지 않고 불이 붙어 있는 모습을 본 모세는 신기해서 가까이 다가갔다가 하나님을 보는 것이 두려워 얼굴을 가렸다(출3:6). 모세는 애굽으로 돌아가라는 하나님의 말씀에 계속해서 질문한다.

부모에게 자꾸 묻는 아이가 있다. 이렇게 해도 괜찮아? 엄마 이거 먹어? 뭘 입을까? 내일 친구 만날까? 이럴 때 부모는 뭘 이런 걸 다 물어 하면서 핀잔을 줘서도 안 되고, 물어주는 것을 좋아해서도 안 된다.

6유형 아이의 질문은 불안 때문이다. 불안한 아이의 마음에 안정감을 심어주어야 한다. 어떻게 할까가 중요한 것이 아니라 선택하고 책임져야 한다는 불안 때문이다. 실수해도 괜찮고 잘못된 선택이라 해도 어쩔 수 없다. 처음부터 다 잘할 수는 없다. 자전거를 탈 때 넘어지는 것에 대해 문제 삼지 않듯이 말이다. 그런데 혹시 아이의 모습이 나를 닮은 것은 아닐까. 아이의 결정을 대신해 주고 일이 틀어지면 누군가의 탓을 하는 그런 나의 모습을 보고 아이가 용기를 내지 못하는 것은 아닐까.

용기를 갖는 것은 분명 성장을 향해 나아가는 길이다. 그래서 부모인 나부터 용기를 내야 한다. 아이들은 신기하게도 새로운 장난감이 출시될 때마다 사고 싶어 한다. 사줄 수 있는 능력이 있지만, 자녀를 위해 사주지 않는 것, 그것도 용기이다.

그런데 우리가 용기있는 성품으로 나아가려면 주님과 함께 머무는 시간이 현실에서 견디는 시간보다 더 많이 필요하다. 그것이 우리의 에너지원이기 때문에, 주님과 동행하면 할수록, 주님의 발아래 엎드릴수록 우리는 용기를 얻는다.

신앙이라는 것은 머리에서 행동으로, 가슴으로 이사하는 일이다. 이사는 쉬운 일이 아니다. 기존에 내가 가졌던 생각, 나를 안전하게 지켜준다고 생각했던 친척들, 동료들, 직장에서 벗어나 아브라함처럼 갈 데를 모르지만 한 걸음 정도만 알 수 있는 그 빛을 따라가는 것이다. 가다 보면 어느새 종착지에 도달하게 될 것이다. 하나님이 믿어주시고 바라시는 모습으로 신실하게 서게 될 날을 오늘도 걸어야 한다.

10. 절제하는 부모 7유형

톨스토이의 "사람에게는 땅이 얼마나 필요한가"라는 글이 있다. 지주의 땅을 빌어 농사를 하는 소작농이 있었다. 그의 소원은 조금이라도 좋으니 내 땅이 있었으면 좋겠다는 것. 하루는 마귀가 나타나 솔깃한 제안을 했다.

"네가 아침에 출발해서 저녁 해질 때까지 네 발로 밟는 모든 땅을 다 너에게 주겠다. 하지만 반드시 해지기 전에 출발했던 그 장소로 꼭 다시 돌아와야 한다."

농부는 아침 일찍 일어나 더 많은 땅을 가지기 위해 달렸다. 점심도 먹지 않고 엄청나게 많은 밟고 돌아다녔고 수천 평의 땅을 갖게 되었다. 하지만 너무 무리한 탓에 숨을 거두고 정작 자기가 갖게 된 땅은 머리부터 발끝까지 담을 두 어 평의 땅이었다.

이 이야기를 다시 생각해보자. 그를 죽음으로 내민 것은 마귀가 아니다. 마귀의 유혹에 넘어갔다는 것은 내 안에 있는 욕망에 불이 켜진 셈이다. 내가 걸을 수 있는 만큼 가질 수 있다는 말은 얼핏 보면 평등해 보인다. 일한 만큼 얻고 가질 수 있다. 그래서 멈출 수 있는 욕망으로 계속 달리고 뛰게 만든다.

이러한 세상은 소비문화에 걸맞은 풍경이다. 소비는 인간의 욕망을 대변한다. 한 가지 전자제품을 바꾸면 다른 제품과 호환할 수 있게 맞춰야 한다. 다른 집을 놀러 가거나 대중매체를 통해 소개되는 상품들은 그 사람의 능력과 사회적 지위를 간접적으로 표현한다. 또한 소비할 때 전능자가 된 만족감을 느낀다.

7유형 부모는 노마드적인 삶을 사는 사람이라 할 수 있다. 새로운 것을 좋아하고 재미있다. 매사에 흥미가 있게 도전하며 잘 배운다. 영화 백투더퓨처(Back to the future)에 등장하는 시간 여행자들처럼 세상에 빠르게 적응하고 살아갈 수 있다. 특히 요즘처럼 새로운 아이템이 하루에도 몇 개씩 쏟아지는 빠른 사회에서는 게임하며 인생을 살아가는 태도가 적합해 보이기도 하다. 하지만 자기를 보지 못하고 더 큰 것을 보기 때문에 자기의 상처를 보지도 못하고 다른 사람의 상처나 감정이나 상황을 이해하는 능력은 떨어진다.

7유형 부모는 즐거운데 다른 가족은 전혀 즐겁지 않다. 서로를 향한 마음의 거리가 크다. 긍정적으로 세상을 보고 문제를 대하는 자세는 때로는 좋지만 7유형 부모에게는 일관되게 고통을 회피하는 태도에서 일어난 것이기 때문에 결국 자신과 가족들에게 고통을 준다. 왜 고통을 회피하는지에 대해 알아야만 절제로 나아갈 수 있다.

르네 지라르(Rene Girard)는 희생양 이론(theory of scapegoat)에 대해 말하였다. 희생양은 사회나 모임, 종교, 가족들 사이에서 위기를 극복할 대안으로 하나의 대상에게 집중시키는 방식이다.

이스라엘에게도 아사셀이라는 제도가 있었다(레16:8). 일 년에 한 번 이스라엘 백성의 죄를 대신 감당하고 광야로 보내질 염소를 아사셀이라 했다. 잘못은 이스라엘인이 했지만, 죄의 값은 염소가 대신 짊어지는 것이다.

심리학 용어에 보면 환치(displacement)라는 개념이 있다. 갈등이 있지만, 그것이 해소가 안 되니깐 다른 관심을 두고 푸는 것이다. 희생양, 아사셀, 환치의 개념은 내 일이나 감정을 다른 곳에 돌리는 것이라 할 수 있다.

부부싸움을 격렬하게 해서 둘 사이가 멀어졌을 때 자녀의 문제를 꺼내는 것으로 방향을 바꾸는 것이라 할 수 있다. 두 사람에게 분명 문제가 있는데 그 문제를 다른 대상에게 푸는 것이다. 이때 자녀는 자기가 가정에서 어떻게 행동하고 말해야 할지 몰라 심각한 불안을 느낀다. 이런 기분은 마치 흔들리는 배 위에서 책을 읽고 암기를 하라는 어려운 주문과 같다. 부모의 말이나 행동에 있어 그 패턴을 예측할 수 있다. 이런 부모와 함께 자라면 자녀는 어떻게 자라게 될까.

7유형 부모는 자기에게 만족을 주고 기분을 좋게 하는 것들에 빠질 경향이 매우 높다. 마약 등과 같은 약물 중독, 니코틴 중독, 성형 중독, 알코올 중독, 미디어 중독, 성 중독, 종교 중독 등 중독이라는 말이 붙었을 때는 그것은 단순한 즐거움이나 기쁨이 아닌 쾌락이다. 이것을 찾게 되는 이유가 있다. 이것은 너무도 쉽게 접근할 수 있고 언제든 원하면 사들일 수 있다. 그것을 통해 기분이 좋아지고 잠시라도 문제에서 벗어나서 해결되었다는 착각을 얻을 수 있다. 관계나 약물 등은 큰 만족을 준다. 사람이 아닌 것은 구입하고 사고 관리하기 쉬우므로 더 빠르게 빠져든다. 그리고 강렬한 기억은 제왕적 느낌을 남긴다.

그래서 절제가 필요하다. 모든 것에 대한 절제가 아니라, 나를 기분 좋게 만드는 것이라고 할지라도, 그것이 기쁨이 아닌 쾌락이라고 한다면 절제가 필요하다.

절제는 미래에 가 있는 내 생각을 가지고 오는 것이다. 경기하듯, 유유자적한 삶의 모습을 버리는 것은 아니지만 내면을 움직이는 내적동기에 대해 속지 않는 것을 의미한다. 그런데 절제가 왜 이렇게 중요하단 말인가. 만약 우리가 절제하지 못한다면 모든 것은 엉망진창이 되어 버릴 것이다.

예를 들어 예쁜 남자, 멋진 사람을 보면서 하지 말아야 할 상상을 할 수 있을까? 괜찮은 사람이야, 멋진 사람이라는 생각에서 성적 환상으로 발전하도록 놔두면, 우리는 절제를 잃어버린다. 여기에 루터가 한 말이 우리에게 도움이 될 것이다. "만일 새가 우리 머리 위로 날아간다면 우리는 어찌할 수가 없다. 그러나 우리가 그 새들을 불러들여 우리 머리카락으로 둥지를 짓게 만드는 것은 우리가 통제할 수 있는 일이다." 절제는 그 새들이 우리 머리에 앉지 못하도록 막는 것이다.

하나님께서 아무리 멋진 은사들을 내게 주셨다고 하더라도 그것을 지혜롭게 관리하고 사용하지 못한다면 그것은 오히려 큰 해가 될 수 있다. 그리스도인에게는 절제가 정말 필요하지만, 부모에게는 더 그렇다.

부모는 그 사람 개인의 몫이 아닌 자녀에게 줄 영향력이 크다. 그리고 진정한 기쁨은 주님을 깊이 알 때 생기는 영혼의 샘이다. 주님은 삶의 기준이고 목표이다. 절제는 주님을 기준으로 하는 삶이 될 때 가능하다. 자기에게 만족을 주는 것을 찾아다녔던 이기적인 삶의 방식에서 소명을 따라 사는 삶은 불가능한 일이 아니다.

우리가 살아가는 방식은 정서적으로 더 배가 고픈 것을 느끼게 만든다. 아무리 열심히 노력해서 돈을 모아도 땅값은 치솟고 다니던 직장에서 퇴직을 경험한다. 그래서 금방 밥을 먹어도 뒤돌아서면 또 배고픈 그런 느낌이다. 허창윤 교수는 이런 사회를 "정서적 허기사회"라고 했다. 충분하지 않다는 것이다.

하지만 세상이 줄 수 없는 기쁨이 있다. 더 큰 즐거움이 있다. 쾌락을 절제하고 그 에너지를 소명을 향해 사용할 수 있어야 한다. 절제하는 부모란, 재미가 아닌 성장하는 부모이다. 주님께서 주신 소명을 찾아 다른 것에 대해서는 가지치기해야 한다.

7유형 부모는 '형용사'적인 삶이 편했을 것이다. 행복한, 기쁜, 즐거운, 편안한, 재미있는, 흥미로운 등과 같은 형용사를 좇아 살았다면 이제는 그 말에 "하기 위한"을 붙여보자. 행복하기 위해서는 어떻게 준비해야 할까, 기쁘기 위해서는 어떻게 준비해야 할까?

그리고 그것이 현실에 기반을 둔 계획으로 끝나지 않고 행동하기 위해서는 육하원칙(5w1h)을 넣어서 실행하는 것이다. 행복하기 위해서는 언제, 어디서, 어떻게, 무엇을, 누구와, 왜를 넣어서 현실 가능하게 만드는 것이다.

이러한 노력이 내 몸에 맞지 않아 보이더라도 절제한다는 것은 내가 하기 싫은 일을 하지 않는 것이 아니라 내가 해야 할 일을 찾아야 하는 것을 포함한다는 말이다.